高雄美好小旅行

在地美食×文創新星×懷舊古蹟

江明麗 著／盧大中 攝影

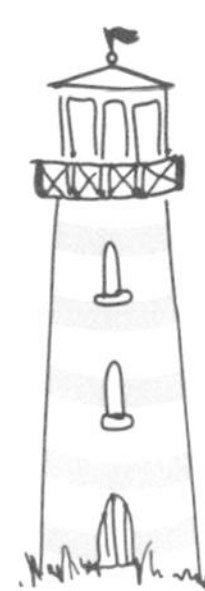

高雄美好小旅行

在地美食×文創新星×懷舊古蹟

作　　者　江明麗
攝　　影　盧大中
編　　輯　鄭婷尹、余雅婷
美術設計　陳淑瑩
校　　對　鄭婷尹、黃馨慧

發 行 人　程顯灝
總 編 輯　呂增娣
主　　編　李瓊絲
編　　輯　鄭婷尹、邱昌昊、黃馨慧、余雅婷
美術主編　吳怡嫻
資深美編　劉錦堂
美　　編　侯心苹
行銷總監　呂增慧
行銷企劃　謝儀方、吳孟蓉、李承恩、程佳英
發 行 部　侯莉莉
財 務 部　許麗娟、陳美齡
印　　務　許丁財

出 版 者　四塊玉文創有限公司
總 代 理　三友圖書有限公司
地　　址　106台北市安和路2段213號4樓
電　　話　(02) 2377-4155
傳　　真　(02) 2377-4355
E－mail　service@sanyau.com.tw
郵政劃撥　05844889 三友圖書有限公司

總 經 銷　大和書報圖書股份有限公司
地　　址　新北市新莊區五工五路2號
電　　話　(02) 8990-2588
傳　　真　(02) 2299-7900

製　　版　興旺彩色印刷製版有限公司
印　　刷　中山精緻印刷有限公司

初　　版　二〇一六年六月
定　　價　新台幣三百五十元
ＩＳＢＮ　978-986-5661-73-1（平裝）

國家圖書館出版品預行編目(CIP)資料

高雄美好小旅行：在地美食x文創新星x懷舊古蹟 / 江明麗作. -- 初版. -- 台北市：四塊玉文創, 2016.06
面； 公分
ISBN 978-986-5661-73-1(平裝)
1.旅遊 2.高雄市
733.9/131.6　　105008498

作者序

你好，高雄

作為中部出生，北部長大的人來說，早年對遠在寶島尾端的高雄樣貌多少是模糊的，最清楚的輪廓是畢業旅行記憶裡的澄清湖、九曲橋，還有別人相片裡的西子灣、春秋閣，直到幾部電視劇、電影在高雄取景，真愛碼頭、星光水岸、旗津渡輪、橋頭糖廠……，透過螢幕宣告，高雄，不一樣了。

生命在續，城市也必然成長，總是在往前跑的高雄，港口碼頭依舊繁華，卻多了濃厚的藝文氣息，駁二藝術特區是這座港都培養美學涵養的有力證明，隱身在巷弄間的文創小店讓遊客們驚喜於現在都會的人文風韻。雖濃厚不過百年老城，但假以時日，個性海派、想法不羈的高雄人，也或許能產出幾位名垂當世的大師或藝術巨擘。

二〇一〇年高雄縣市合併，成為六都之一，在此之前，八五大樓蓋了，捷運通了，旅客也一批一批來了，這些年的時間，大家已經習慣把旗山鎮叫作旗山區，習慣坐捷運去鳳山看老城牆與藝術品，還有上橋頭區拜訪老糖廠，順便打打鼓，高雄的名勝古蹟、美景很多，但真正吸引人的還是在美味小吃與新舊城區當中，不斷地更替新設施，不斷地保留老建築，高雄的美有很多面相，值得安排時間走上一遭。

本書用六個主題看不一樣的高雄，這次沒去澄清湖、也沒走龍虎塔，鎖定熱鬧的高雄市，順遊鳳山、旗山二區。「城鄉風光」把旅遊足跡延伸到鳳山、旗山以及大樹；「老屋新貌」走進了打狗英國領事館文化園區、眷村文化館；「藝術文創」沒有錯過大東文化藝術中心，也仔細帶領大家逛進駁二藝術特區的老倉庫，看Danny's Flower的時尚花藝與火腿藝廊的當代創作；「美味小吃」嘗遍私房小點與經典老店，老江紅茶牛奶、大ㄎㄡ胖炭烤三明治、海青王家燒餅都有在地人激推掛保證；「風格餐館」網羅多樣精采料理，好雙咖啡、木葉粗食、挑食等店都是饕客們十分推崇的餐飲名店；「美好旅宿」名單中，有背包客喜愛的鴨家青年旅館，有新興起的捷絲旅高雄站前館，一處處，一點點，為喜愛旅行的遊客們，介紹美好的高雄。

江明麗

目錄

Chapter 1 城鄉風光

Chapter 2 老屋新貌

Chapter 3 藝術文創

Chapter 4 美味小吃

Chapter 5 風格餐館

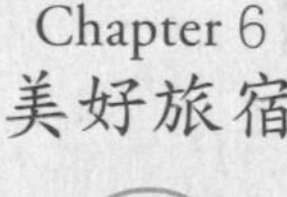

Chapter 6 美好旅宿

※ 本書所有餐飲住宿價格僅供參考，實際請以店家公布為主。

Chapter 1

城鄉風光

靠海的灣岸港口，
親山的林野綠意，
四散在市中心的喧囂之外，
許多屬高雄特有的小鎮風光，
靜落在城鄉間，
等待人們探訪。

左營舊城鳳儀門

全台唯一保有護城河的城門

在古蹟保護的意識下，台灣有不少清代興建的城門或城牆被保留修復，高雄也不例外。

道光年間規畫的鳳山縣城就位在今日的左營地區，因設置官署早於現在的鳳山區，因此左營這裡也稱為鳳山舊城，而鳳儀門就是舊城的東門位置。昔日的鳳山舊城城門現在保留了北門（拱辰門）、南門（啟文門）以及鳳儀門，也就是東門一座與左右兩側約百來公尺的城牆，二年前因為拆除西自助新村，而發現西門城門座與城牆遺跡，讓舊城又多了新的古蹟面世，現在已經被文化部定為國定古蹟之一，等待修復完成後又是一處值得參觀的景點。

遙想當年將帥揮軍英姿

西門（奠海門）還在整修，但東門與東門城已經是遊客們欣賞清代防禦建築的示範點，這處城門如今只剩城樓基座，原本在上面有著歇山頂的木造城樓已經毀壞，只能透過模型了解。修復後的東門城遺址有護城河、馬道、雉堞（城牆上的凹凸狀短牆）與城牆等等，城牆以硓咕石打造，混以三合土與紅磚，也是台灣第一座的石造城牆。

東門城古蹟特殊的地方在於有非常明顯的馬道，並且還為此設置了有硬山式燕尾脊的馬道入口，連接寬敞的城牆平台，可以想像當年將帥御馬馳騁在城牆上指揮若定的帥氣模樣。另一處特別的地方在於護城河旁的城牆底座，還可以看到疏通水道的水關閘口，以及城牆上為數不多的彩繪圖騰，即便大部分已經漆落形消，但依稀還可以看到古典的花卉圖騰或代表福氣平安的葫蘆等等，是欣賞城樓壯觀風光外的一個小小驚喜。

城樓周邊已經規畫成綠地公園，旁邊就是眷村文化館，有不少附近的居民很愛在傍晚時分到此散步，慢行在馬道上，看著車來人往，想像自己是一位意氣風發的將軍，也是奇妙的體驗。

2 1

1. 鳳儀門遺址周遭保存了護城河、馬道、雉堞的設施。
2. 蜿蜒的紅磚道過往有兵士駐守，也可讓將領們騎馬巡視。

順遊景點

泮水荷香蓮池潭

來到左營舊城，也別忘了到附近的蓮池潭走走。作為清代鳳山縣文廟的泮池，蓮池潭當年有著「泮水荷香」的美譽，名列「鳳山八景」之一。池畔不乏深具古典特色的景點，如高雄孔廟、春秋閣、龍虎塔等，值得靜心遊覽。

info

- 高雄市左營區東門路與城峰路交叉口
- 走國道1號於高雄鼎金系統交流道轉接國道10號右轉往左營方向，下左營交流道，接台17線翠華路，右轉東門路可達。

高雄市立圖書總館

全球景觀穿透性最高的圖書館

曾幾何時，圖書館的功能已不在只是借還書的地方，它也可以是藝術品陳列區、綠建築設計的代表，一處旅遊景點，甚至是永遠在發光的城市地標，而這些頭銜掛在高圖總館身上，恰恰剛好。

高雄其實已經是許多頂級建築設計師願意一展長才的現代都會，它就像一位在時裝界初露頭角的模特兒，等著大師們一個個超凡出脫的創意，所以，高雄出現了很多相當棒的、等同於藝術作品般的建築，讓在地人輾轉之間感受到這座城市急於蛻變的美麗，這其中也包括了高雄市立圖書總館。

高圖總館在將近三年的施工之後，於二〇一五年一月正式營運，設計者是由劉培森建築師事務所與竹中工務店團隊合作，主要的設計概念來自於綠色大樹，營造市民們在綠蔭環境下能自在閱讀的氛圍。這棟建築不僅擁有百萬冊書籍，更在設計上囊括多項全球第一，包括全球第一座懸吊式綠建築、最大懸吊景觀中庭、最佳景觀穿透性、首座挑高七・五公尺無柱遮蔽式廣場等等，對於建築系所的學生是很棒的參考典範，而對於外地遊客來說，它更是一處必去朝聖的美麗景點。

書中有樹，樹中有書

從外觀上來看，高圖總館方正規矩、稜角分明，俐落簡潔的線條卻沒有給人太多剛硬感覺，四邊對外牆面全都是以玻璃帷幕打造，遠看就像個漂亮的玻璃禮物盒子，白天是顆豔陽下的閃耀鑽石，夜晚點燈之後又變身為璀璨的發光體，難怪會被譽為台灣十大必訪圖書館。

1. 溫書也可以放鬆一下，抬起頭就是讓人身心舒暢的綠意。
2. 電梯口被多根圓柱圍繞，充滿現代設計意象。
3. 擁有最佳景觀穿透性的概念讓圖書館引進大量光源。

來自陽光，
帶有鹹味的筆
小書展
12/19-03/31
《來自陽光，帶 有鹹味的筆》
來自陽光

這棟建築共規畫了八個樓層，設計師概念新穎，使用懸吊技巧把傳統的石柱轉為鋼索支撐主體結構，館內沒有一根柱子，也顛覆了既有的建築工法。圖書館的借閱空間集中在三到七樓，一樓屬於穿堂廣場，二樓則是商店與餐廳，有著名的戶井北海道米披薩進駐，三樓是服務櫃台與借還書的地方，這裡主要陳列新書與期刊等書冊，也是許多講座、讀書會舉辦的地點；多媒體資料位在四樓，五樓是青少年與參考資料區，文史、哲學與科學類書籍則分別位在六、七樓。

1. 空中花園的廊道設計概念取材於高雄港貨櫃懸吊臂的樣子。
2. 中央的巨型天井設施，從五樓開始一直延伸到八樓樓頂的空中花園區。

總館最大的特點就是中央的一座巨型天井設施，這座天井從五樓開始一直延伸到八樓樓頂的空中花園區，設計師在這裡營造了書中有樹、樹中有書的空間概念，閱讀者身處其中很有綠色森林的舒暢感。空中花園是圖書館的制高點，因為周邊沒有高大的建築物遮蔽，遊客能在此欣賞高雄許多著名的建築，包括鄰近的八五大樓、高雄展覽館以及遠方蔚藍的海港風光。

1. 室內空間有幾處陳列當代藝術家的作品。
2. 高圖總館是市區小學很愛安排的校外教學地點。
3. 寬敞舒適的空間與富含設計感的座位，讓人想拿本書好好坐下閱讀。

info

- 高雄市前鎮區新光路61號
- （07）536-0238
- 10:00～22:00，國定假日10:00～17:00，除夕、週一休館
- www.ksml.edu.tw/mainlibrary
- 走國道1號下高雄三多路交流道，右轉走三多一路到四路，左轉中華五路，右轉新光路可達。或搭乘高雄捷運紅線至「三多商圈站」2號出口出站，至新光路右轉步行約10分鐘可達。

順遊景點

八五大樓遠眺海景

鄰近的八五大樓是高雄知名的代表性地標，位於 74 樓的觀景台可眺望高雄一帶海港風光，晚上還能欣賞美麗夜景。

旗後燈塔

快意迎風看大船入港

高雄沒有太高的山，卻不妨礙在地人穿街走巷找到看美景的制高點，比起旗後老燈塔是否爲三級古蹟云云，高雄人還是比較喜歡直接踏上燈塔平台看船隻往來的熱鬧景象。

對於船員來說，燈塔是指引正確方向的標的，而對於高雄居民來說，燈塔是看大船進出港灣最棒的地點，尤其是五〇、六〇年代出生的鹽埕、旗津區小孩，那時的娛樂不多，課後能去玩耍的祕密基地，就是能鳥瞰南高雄市景的旗後燈塔，左手揮右手指，幻想自己是指點江山的大將軍，快樂的童年回憶就是這樣天馬行空的畫面累積起來的。

旗後燈塔實際應該叫作高雄燈塔，只不過因為坐落在旗津旗後山上，所以大家慣稱旗後燈塔。這座燈塔最早在清光緒年間就已經架設，原本是紅磚建築造型，後來毀壞只剩基座，就是燈塔旁的一處大石座，現今的燈塔設備是日治時期設計，完工於一九一八年，與一般常

1 2 3

1. 燈塔頂部設計成塗上黑漆的圓筒狀，並架設一座風向儀。
2. 前往燈塔時順道在旗津逛逛，可看到不少曬漁獲的海味風情。
3. 站在燈塔瞭望台一睹港區貨船進出的景象。

見的圓柱塔身不同，高雄燈塔底層與一棟巴洛克辦公室建築相連，從後方看，燈塔屬於八角磚體，外層塗以白漆，藍天下特別顯眼，頂部設計成圓筒狀塗上黑漆，並架設了一座風向儀，上面還標有漢字東南西北，這是台灣燈塔設施中比較少見的一處特色。

燈塔原本隸屬關稅局管理，二〇一三年全部改由交通部航港局轄下，燈塔底層辦公室目前作為相關文物展覽，遊客可以看到古老燈具、燈塔的使用儀器等等，有一座旋轉扶梯可以登上燈塔，不過因為公務原因，這個區域禁止遊客進入，除了這裡，大家可以盡情在戶外平台欣賞高雄港蔚藍的海景與船隻的忙碌來去，享受舒服的海風吹拂，體驗高雄的自由情懷，繁榮的市景與廣闊的大海，容易讓心情輕鬆愉快。

美好味道

新鮮道地海口味

位在旗津渡輪站附近的旗津老街上有數不完的道地美食，赤肉羹、烤小卷、旗魚黑輪等，還有各式各樣的新鮮海產料理。

info

高雄市旗津區旗下巷34號
（07）222-5136
09:00～16:00，週一休館
走國道1號下高雄五甲交流道，直行接漁港路，左轉新生路，右轉中興路直行下過港隧道前往旗津，直行旗津一路到三路，右轉廟前路，左轉海岸路，步行約5分鐘可達。

旗後砲台
賞美景看夕陽的絕佳去處

作爲昔日戍守海防的要塞，砲台的出現無疑是歷史中重要的一頁，撇開軍事戰備的作用，撤了大砲的堡壘也能是遊客們見證時代走過的史蹟，旗後砲台就是高雄曾經的海防強盾。

旗後山是高雄少數幾處可以登高望遠的小山丘，這裡有旗後燈塔，也有旗後砲台，比起壽山、柴山或八五大樓幾個比較靠近市區的高點，旗後山的視野更遼闊，風景也更寬廣。旗後砲台與旗後燈塔分踞這座山的兩側，風光各有不同，旗後砲台除了有二級古蹟建築可以欣賞，還能盡覽旗津市區與旗津海岸線的美景，因此在天氣晴朗的日子，總有不少居民或觀光客到這裡看看漂亮的海景，有的索性盤坐在砲台頂與朋友聊天，享受自在的優閒時光。

根據高雄市文化局的資料，旗後砲台早在康熙年間就已經有文獻記載，現今的樣貌在光緒年間定型，請了英國工程師設計，融合了中國與西洋的設計元素，打造包括兵房、指揮所以及砲座等幾個區域，從上空俯瞰類似「目」字規格，東西短、南北長，中間有一條長型紅磚凹槽通道貫穿。

全區大部分是紅磚與三合土建材打造，最特別的設計是一座中國式的八字門與八字牆建築，這是砲台的門楣，上頭還留有一半的「南天」二字，另一半已經毀壞，據說是之前遭受砲擊破壞，另二字有多種說法，比較常見的就是「威震南天」一詞，八字牆還有一個「囍」字，是台灣砲台建築裡與眾不同的一點。

順遊景點

夜遊觀星賞海景

砲台附近的星空隧道原本是作為防空洞使用，穿越隧道後便能沿著海邊的步道散步賞海景，這裡同時也是夜遊觀星的好去處。

info

- 高雄市旗津區旗後山頂
- 走國道1號下高雄五甲交流道，直行接漁港路，左轉新生路，右轉中興路直行下過港隧道前往旗津，直行旗津一路到三路，右轉廟前路後，左轉廟前路一巷可達。

1. 砲台園區中間貫穿一條長型紅磚凹槽通道。
2. 砲台大部分是紅磚與三合土建材打造，此為入口之一。
3. 附近有綠蔭步道規畫。

原日本海軍鳳山無線電信所

日治時期三大無線電信所之一

世界走向平和，以往的神祕軍事基地一一開放參觀，讓遊客們可以透過遺址，了解機密的電信所堡壘。

日治時期時，日本政府在台灣的諸多建築或設備，很多都是以島嶼為中心的地理位置掌控周邊的信息，而當年在鳳山規畫的無線電信所，就是為了讓南洋群島或西南方一帶海域的訊息度更透明。這處電信所在一九一九年完成，所有規格都是比照東京船橋無線電信所設計，最大特點就是雙同心圓的格局，這兩處與九州的針尾無線電信所，在當時並列為三大無線電信所，其重要性可見一斑。

鳳山無線電信所現在已經是國定古蹟園區，從空照地圖上看，園區範圍呈現阿拉伯數字「9」的樣子，裡面共有十三處電信所遺址，包括辦公廳舍、水塔、大小碉堡、軍官宿舍以及海軍電台等等。這處園區在國民政府接收後，曾一度作為祕密審訊的鳳山招待所以及海軍管

1. 自辦公廳舍區通往大小碉堡的長廊。
2. 從厚重的鐵窗及鋼門板，可想見當時日本政府對這處基地的細心保護。

東頑劣分子的訓練班，稱為海軍明德訓練班，因此也能看到一些遺留下來的勒戒室。

十字形的十字電台

辦公廳舍就在大門入口附近，是棟一字型的長建築，黑瓦紅磚牆面，在陽光照射下看起來古意處處，一間間房舍曾經是會客室、審訊室以及教室，內部通幽的長廊散發著神祕的氛圍。要說園區內最具代表性的設備，莫過於大小碉堡、磚砌水塔以及十字電台了，因為電信所也兼負軍事功能，防禦性建築也很明顯，大小碉堡是電信所的重中之重，所有的電訊設備都安置在此，所以當初在建造時，不僅有厚重的屋頂覆土，連部分門窗也有耐爆功能，就格局上來看，大碉堡是三座連拱的跨間，其中東側跨間木結構較多，之前就曾因火災燒毀，二〇一六年三月又歷經一次火燒，還好只毀損一些內部結構，對於建築物完整性沒有影響。

十字電台的取名就如同這座建築物的形樣，真的是按照十字設計，整棟建築是用鋼筋混凝土打造，從外觀看是一幢灰撲撲、毫不起眼的房子，其實是一座銅牆鐵壁，為了保護重要的電信設備，電台的門窗都是厚重的防爆鋼門，門把的設計也很特殊，圓轉盤的造型讓人想到潛水艦艇的水密門式設計，嚴防一切機密外洩。園區範圍不小，逛完十三處古蹟大概也要一、二個小時，有不少婚紗攝影者看上這裡的古意，常常到此取景，白紗、燕尾服與剛硬的軍事設備也成有趣的對比。

3 1
5 4 2

1. 用紅磚砌成的水塔。
2. 此處空間規格皆比照東京船橋無線電信所設計。
3. 作為珍貴的電信通訊處所，防空襲的設備不可或缺。
4. 圍牆上的塗鴉讓園區多了點藝術氣息。
5. 帶有和式設計的辦公廳區域也曾是管訓牢房。

info

- 高雄市鳳山區勝利路10巷
- （07）588-7225（高雄市眷村文化發展協會）
- 週六、日09:00～17:00
- 走國道1號下九如路交流道，左轉走九如一路往鳳山方向，續行接建國路二段，遇經武路右轉，至博愛路左轉，左轉走瑞興路，行至勝利路左轉再接10巷可達。

美好味道

價格親切的美食小吃

每週四至週日營業的鳳山青年夜市經歷幾次搬遷，如福菊臭臭鍋、鹹水雞、阿Q凍圓等，皆是在地人推薦的必吃美食。

台灣糖業博物館

聆聽百來年的製糖故事

已轉型爲博物園區的橋頭糖廠是日治時期一處很重要的製糖產業區，這裡不僅是台灣第一座現代化機械式製糖工廠，更因爲加入藝術文創的元素，讓老廠區成爲高雄熱門的旅遊去處。

比起台灣糖業博物館這麼正式的名稱，高雄人還是習慣把這個占據高雄製糖歷史上百年的地方叫作橋頭糖廠，就連高雄捷運也以此作為站名，即便這處被列為高雄市定古蹟的廣大園區已經是眾所周知的休閒文化旅遊勝地，屬於糖廠的那份回憶，依舊透過一棟棟老建築與一節節退役的火車頭文物，向來客們訴說老糖廠的故事。

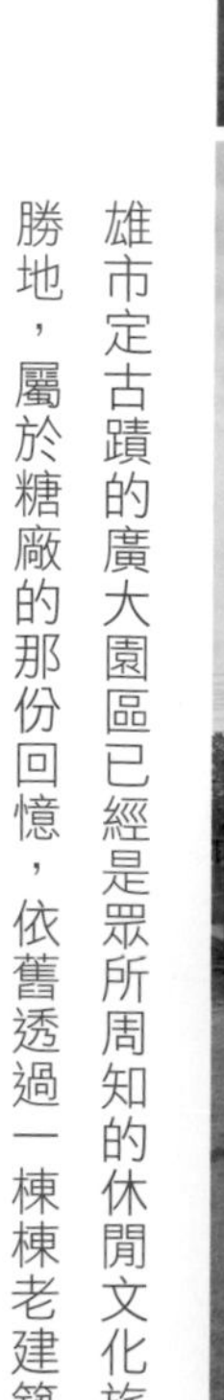

台糖是國內的土豪大地主，由南到北，由西到東都有他們的產業，台灣的製糖業曾有風風火火的年代，就算是結束了、沒落了，因為轉型計畫的成功，台糖的招牌除了產品，當然還多了一處處保存完善的糖業休憩園區，而台灣西部成功轉型的老糖廠除了台南的仁德糖廠之外，就屬橋頭糖廠了。

橋頭糖廠在二〇〇六年轉型為台灣糖業博物館，說

是博物館，其實是一座面積頗大的旅遊園區，從數據上看，橋糖的面積有二十九公頃，就算百年來起起落落，時至今日，要逛上一圈園區也要花上好半天，還好園區內有單車可以租借騎乘，省去了大家步行得氣喘吁吁的時間。

傳統結合藝術文創的魅力

園區內的設施可以概分為二個區域，一個是宿舍區，現在作為藝術聚落規畫，這裡進駐了不少很有特色的文化商店，包括著名的時尚之丘、123 木頭人童話城堡糖果屋、東院堂人文茶館等，這一區還有雨豆樹劇場、白屋、廠長宿舍與社宅事務所，其中建於一九〇一年的社宅事務所是園區內的代表建築，殖民地風格的設計是仿造荷蘭在東南亞的建築，迴廊與連拱門是主要特色，經過重新整修後也呈現煥然一新的樣貌。

3 1 2

1. 園區內的舊建築經整修後成為多元化的店鋪。
2. 多節退役的老火車頭。
3. 雨豆樹劇場有老屋、大樹，也是舉辦戶外藝術劇場的好地點。

另一區就是糖廠區，這裡是主要的製糖工廠區域，也有不少老建築錯落其間，包括糖業文化主題館、製糖工場主題館、糖廠辦公廳舍等等，數節退役的五分仔車也能在此看到，糖廠辦公廳舍現在已經作為豬仔文物陳列館開放。園區最吸引人的體驗莫過於搭乘五分車的活動了，這個只在例假日才行駛的觀光小火車，讓人認識了載運甘蔗列車與客運車的區別，列車有固定的行駛時刻，起迄站為橋頭糖廠和花卉中心，車廂其實就是個大貨廂，只有一張木條板凳，每趟車程大約二十五分鐘，全票八十元，可以帶領遊客了解製糖文化的一環。

3 1 2

1. 東院堂人文茶館以販售台灣茶為主，可供民眾選購。
2. 位於宿舍區的這棟日式建築是以前的廠長宿舍。
3. 殖民地風格式的社宅事務所是園區內的代表建築。

美好味道

不可錯過的清涼點心

紅豆、牛奶、花生、情人果、鹹蛋黃等十多種口味的冰棒任選，此外橋糖自行研發的餅乾冰淇淋，以蘇打餅乾包裹杏仁牛奶冰，滋味濃郁香甜！還有以冰沙製作的老字號紅豆酵母冰，也有高人氣。

info

- 高雄市橋頭區橋南里糖廠路24號
- （07）611-3691
- 09:00~-16.30（室內展館）
- 走國道1號下岡山交流道，走介壽東路左轉岡山南路（台1線）直行，至糖廠路左轉可達。或搭乘高雄捷運紅線在「橋頭糖廠站」下車可達。

蜜熊窯披薩

老屋與手工披薩的對話

吃披薩其實也可以有產地直送食材的待遇，在蜜熊窯披薩橋頭店裡，可以吃到各種鮮蔬製作的薄餅披薩，搭配數種特調的酵素氣泡飲品，還能享受糖廠老屋的風情，絕對愜意。

強調從產地到餐桌，蜜熊窯一直很努力地堅持傳遞綠色人文的概念，希望大家在吃食上能享受產地直送、新鮮不打烊的標準，所以這個品牌有綠色農場、蔬食餐館以及老屋披薩店，而位在橋頭糖廠內的蜜熊窯披薩就是其中之一的據點。

這處據點才剛從糖廠內的漢景空間美術館，搬遷到幾步之遙的另一間老宿舍，空間更大，環境更棒。有了新家的披薩店，還是以手工披薩為主打，當然所有的食材全都來自台灣小農，餅皮是全穀粒研磨的有機全麥麵粉，餡料是農場新鮮直送，招牌口味森林蔬活嘉年華披薩、酒蜜桂圓披薩與瑪格麗特披薩，飲料也很有特色，名稱相當吸引人的「仙履奇緣」氣泡水，用南瓜酵素調製而成，酸甜適中，很受女生喜愛。

美好味道

經典的好味道

蜜熊窯經典的瑪格麗特披薩可說是新鮮小番茄與香濃起司的絕妙組合，薄薄的餅皮吃來也香Q帶勁！

info

- 高雄市橋頭區興糖路6巷1號
- （07）611-6169
- 瑪格麗特披薩200元，南瓜仙履奇緣氣泡水120元
- 10:30～17:30
- www.blithe.com.tw
- 搭乘高雄捷運紅線至「橋頭糖廠站」下車（橋頭糖廠內）

時尚之丘

環保玉米食器主題商店

綠色意識抬頭，環保餐具大行其道，在時尚之丘可以看到台灣文創商品的獨特性，也驚訝於台灣年輕人想要對地球貢獻的一份心力。

橋頭糖廠內的宿舍空間在重新改裝之後，成為一間具有主題特色的文創商店，其中以玉米環保餐具為販賣重點的時尚之丘複合式餐館與賣店，是糖廠內人氣很高的景點。

時尚之丘是由一群年輕人成立的據點，主要陳列以玉米澱粉樹脂製作的環保餐具，不僅造型可愛，顏色也多彩繽紛，包括流星錘攪拌棒、鯊魚造型餐刀還有鯨魚親子杯等，用圖文介紹了玉米食器的製作過程，很受少女們與親子團體的喜愛。除了玉米餐具之外，還販售造型獨具的Q版狗狗喇叭與青蛙造型的音響，是一處可以淘寶的文創商品店。

精采亮點

恋の鉄道

附近有許多饒富趣味的主題裝飾，沿著「恋の鉄道」行走，探索這裡的美好風情吧！

info

- 高雄市橋頭區球場路3巷1號
- （07）611-5532
- 09.30～17:30，週一公休
- www.facebook.com/voguehills
- 搭乘高雄捷運紅線至「橋頭糖廠站」下車（橋頭糖廠內）。

旗山老街

拜訪香蕉的故鄉

有著整齊店招的旗山老街，是遊客在旗山必去的一條道路，這裡有仿巴洛克式建築的和洋樓，也有特色小吃，是高雄都會風情之外，一處可以看到日治時期氛圍的所在。

在高雄市區要找到一條保存較為完整的老街，就得北上往旗山的方向，過往這裡曾經栽種大量番薯，因此也有「蕃薯寮」的舊地名之稱，旗山盛產香蕉是在六〇至七〇年代，當地氣候適合香蕉生長，因此農業單位鼓勵農民種植，現在旗山的香蕉已經是高品質的外銷農產品代表。

日治時期旗山的中心地帶位在現今的中山路附近，那時稱為「本通」，主要幹道作為示範建築地區，如同台灣其他老街一樣，這裡的建築也多為仿巴洛克式建築及和洋樓風格，保留完整的街屋雖沒有像大溪老街那麼多，但透過一棟棟仍透著時光感的老房子，還是依稀能感受到那個年代的繁華風情。和洋樓房集中在平和街與復新街之間的中山路，其中以旗山區農會、旗山車站最

具代表性，石拱圈亭仔腳與巴洛克式街屋立面是值得仔細欣賞的設計特點。

旗山區農會算是在台灣資歷很老的一間農會，農會建築在一九三〇年就已經興建，那時稱為「有限責任蕃薯寮信用組合」，樓高三層，土褐色的磁磚外牆讓建築看起來沉穩。在旗山老街的主要重點就是特色小吃，遊逛老街，欣賞特色建築之餘，還可以大吃大喝採買伴手禮，真是讓人大呼過癮。

3 1
2

1. 仿巴洛克式托柱裝飾典雅優美。
2. 旗山區農會早期被稱為「有限責任蕃薯寮信用組合」。
3. 旗山的中心地帶位在現今的中山路附近，當時被稱作「本通」。

美好味道

在地人氣美食

枝仔冰城的香蕉蛋捲、香蕉鳳梨酥、香蕉脆皮雪糕，朝林鮮果汁的楊桃杏仁露，三哥臭豆腐以及吉美西點麵包店必買的香蕉蛋糕等等，來到旗山絕不能錯過！

info

- 高雄市旗山區中山路
- 走國道3號南下田寮交流道，左轉接台28線往旗山方向，進旗山市區後，左轉旗南一路，右轉永安街，左轉中山路可達。

旗山武德殿

大火重生後的武道精神

旗山武德殿在修復過程中，曾經一度用了透明玻璃作爲屋頂，雖然特別，但受到不少文史工作者撻伐，還好在二〇一四年年底重新整修，回復到黑瓦屋頂原貌。

武德殿，是日本人用來作為提倡武道精神的場所，台灣現存比較完整的武德殿遺址大約有十處，基本上都已經過修復，北中南部都有，其中高雄就有二座，一座便位在旗山區。

旗山武德殿融合了唐式與和風建築設計，大約興建於一九三四年，那時為日本昭和年間，建築風格一如其他幾處，統一採傳統的日本寺殿式樣設計，最早的屋殿是木造樑架屋頂、洗石子磚牆、雨庇、木格窗架等，這些細節在修復時都被原貌重現，包括黑瓦屋頂採取日本常見的入母式屋頂（類似於中國的歇山式屋頂）也按照原樣打造。

新修後的武德殿包括主體以及後方的日式宿舍處處散發著穎亮的風采，如果想看看以往的老建築樣貌可以入內參觀，裡面有陳列簡單的圖文介紹，比較珍貴的是有幾幅日本柔道或劍道學園的黑白影像，以及日治時期的旗山武德殿原貌，或因修復留下的木頭榫卯，黑白相片訴說著幾十年前的武德殿時光，即便因為大火燒掉了舊有的老屋舍，這樣的歷史軌跡一樣能吸引遊人的腳步。武德殿外有一排整齊排列的石拱圈迴廊，這是旗山老街的亭仔腳設計特色，以鼓山當地特有的砂岩打造，區公所在此設置拱圈廊供行人穿行其中，也可感受一下有如走在古老街道的氛圍。

2 | 1

1. 新修後的武德殿包括主體及後方的日式宿舍處處散發穎亮風采。
2. 武德殿採傳統日本寺殿式樣設計，有洗石子磚牆、雨庇及木格窗架等。

順遊景點

永不止息的藝文發展

鄰近的旗山生活文化園區因二〇一六年二月發生的大地震暫時閉館整修，這裡曾舉辦藝術節、課程展覽等藝文活動，期待兩、三年修復完成之後更加茁壯，成為更值得旅人造訪的地點。

info

- 高雄市旗山區華中街與中正路口
- 09:00～18:00，週一休館
- 走國道3號南下田寮交流道左轉，接台28線往旗山方向，進旗山市區後，左轉旗南一路，左轉中正路可達。

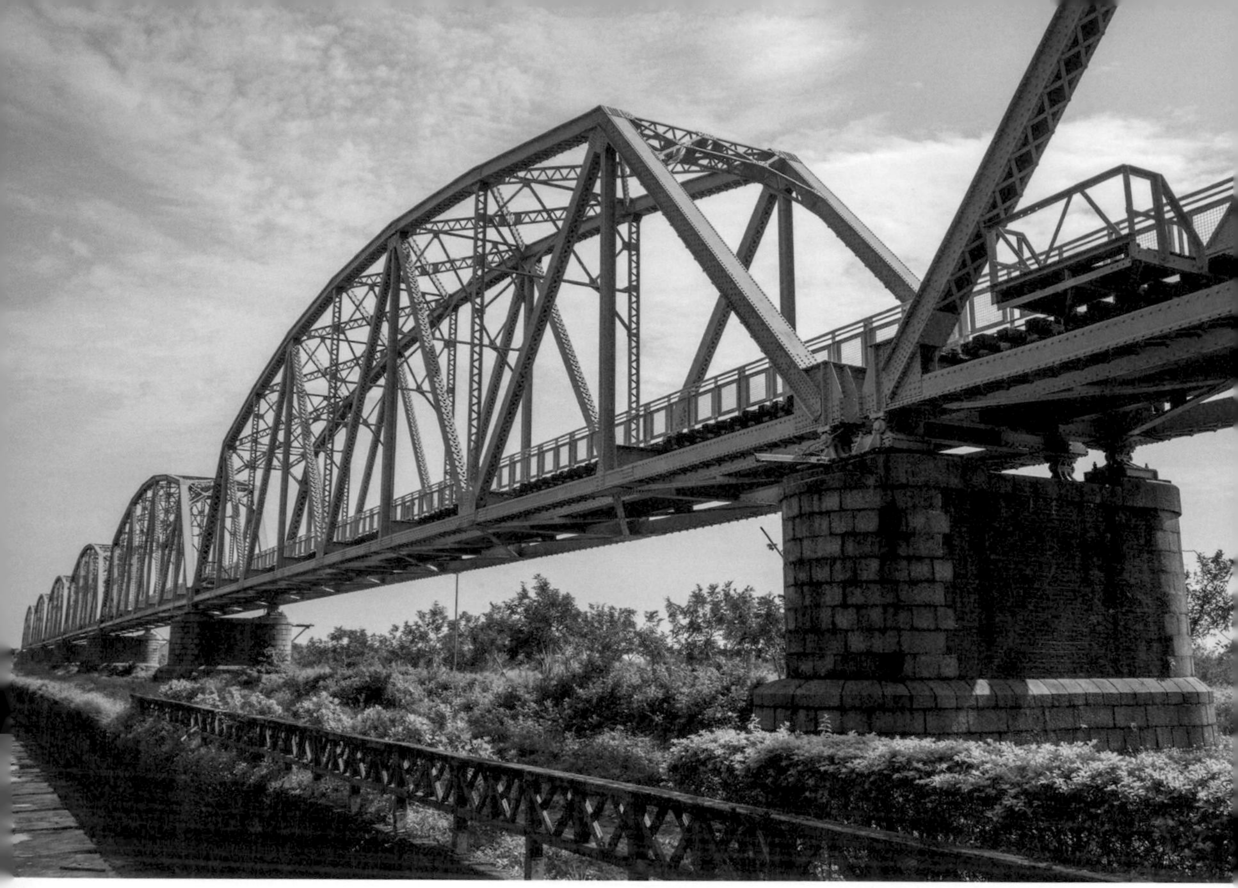

舊鐵橋濕地教育園區

百年鐵橋天空步道

時光軌跡總會藉由古老的建築物打下印記，提醒人們曾經的風華，橋梁自然也有這樣的能力……。

除了用優美的線條串連兩岸的交流，橋梁有時也會是藝術的展現，當台灣已開始出現一座座拋物線般的斜張橋梁，那些百年前以拱形鋼條造型出現，載運過往歷史的古典橋梁也沒有被人遺忘，例如上海的外白渡橋、雲林的西螺大橋，甚至是已經斷了一半的高屏溪舊鐵橋，在藍天白雲、日落月升的時刻，總是自在地書寫最美的畫面。

高屏溪舊鐵橋位在舊鐵橋濕地教育園區內，可說是園區的明星景點，濕地園區範圍大約百來公頃，是南台灣最大的人工濕地，有豐富的水鳥與水生植物生態，境內除了鐵橋以外，還有竹寮取水站、三和瓦窯以及大大小小的濕地水塘，是親子族群很愛的假日踏青路線。

2 1

1. 舊鐵橋是園區內的明星景點。
2. 濕地教育園區內有不少水塘展現生機。

曾經的東亞第一長橋

高屏溪是高雄與屏東的界線，因溪面廣域，造橋工程難度頗高，橋梁上使用鋼材作為桁架，橋基座則用花崗石與紅磚組成，橢圓橋墩設計可減少水流阻力。舊鐵橋由日本工程師飯田豐二監造，全長有一千五百二十六公尺、寬約七公尺，共計有二十四個橋孔，於一九一三年完工，當時是東亞第一長橋，高屏溪當時稱為下淡水溪，因此在日治時期高屏溪舊鐵橋也被稱為下淡水溪鐵橋。

這座橋主要用作鐵路運輸通行，只設計單軌，從完成以來一直肩負台灣鐵道的聯繫網絡，橋梁前後的火車站分別是九曲堂車站與六塊厝車站，一九八七年高屏新橋完工，舊鐵橋也在一九九二年正式除役，原本要拆除，後來經文史團體呼籲保留，遊客們才有今日這處國家二級古蹟可以欣賞。

原本的二十四個橋孔因為幾次的風災毀壞，目前僅剩靠近高雄這一區的橋座，為了讓遊客能更親近百年老橋，高雄市政府設計了約三百公尺的天空步道，在鐵道枕木的下方加裝細密的鋼網，遊客得以在鐵道漫步中同時低頭俯瞰湍流的河水，或者仰望線條優美的橋梁鋼架。舊鐵橋可以同時欣賞絕美的日出與日落景色，拍攝位置就在遊客服務中心一側，看著鐵橋在紅豔的黃昏霞光中或日升的金燦光芒裡傲然挺立，就更能感受自然與古文物相契合的奇妙脈動。

順遊景點

造型特殊的斜張橋

位於國道3號上的斜張橋，同樣橫跨了高屏溪，夜晚時經燈光投射，更能展現橋體之美，橋下幾家咖啡店是觀賞斜張橋的絕佳位置，但路途較偏僻，須小心慎行。

info

- 高雄市大樹區竹寮路109號
- （07）652-2292（高雄市舊鐵橋協會）
- 鐵橋09:00～18:00 (10月至3月開放到17:00)，遊客中心09:00～12:00、14:00～17:00
- 鐵橋維護費10元
- www.oldbridge.org.tw
- 走國道3號於高雄轉接國道10號，下仁武交流道，右轉接186縣道往大樹區，右轉台29線可達。

三和瓦窯

走出新路線的磚瓦文創商品

起厝蓋屋是中國人千百年來不變的原思，代表著落地生根與情感歸屬，而起厝的材料隨著時代進步，從夯土、石塊、紅磚到現在的鋼筋水泥，似乎一代蓋過一代……。

三和瓦窯在一九一三年成立，最早叫作順安號煉瓦廠、源順安煉瓦廠，以生產土角磚、紅磚、屋瓦為主，第一代窯主是許安然，後來傳承給現任第五代老闆李俊宏的祖父，就已成為了李家的產業，目前是由李俊宏接手經營。

百年窯廠憑藉的就是古老的手藝與專業的設備，別看窯廠外觀似乎頹圮不起眼，這裡可是燒製了不少高品質的紅磚建材，就連窯廠也已經被列為市定古蹟，三和瓦窯至今都還是用古法燒窯。所有的老企業都要隨著時代的巨輪前進與轉型，三和瓦窯也不例外，既然市場上沒有那麼多的材料需求，那麼換個角度看窯燒產業，注入文創與休閒的元素反而能開闢另一片天空。

因此，三和瓦窯成立了觀光工廠，帶領遊客進入窯廠參觀，燒窯的空間有目仔窯、四角窯、龜仔窯，告訴大家怎麼在五個月內把土磚變成紅磚，最讓人驚喜的就是三和瓦窯設計了一個個迷你小紅磚，規畫成起厝DIY商品，讓大家能購買磚砌組合，自行帶回家拼砌成多樣的紅磚小房或筆座、杯墊等等，這樣的創意誰又敢說磚窯業是黃昏產業呢。產業沒落了就再也沒有機會繼續站在舞台，這樣的定律卻也不一定絕對，起碼在百年產業三和瓦窯的品牌經營上反而更加欣欣向榮。

趣味玩意

新奇創意的磚瓦商品

不只是熱門的起厝 DIY 商品，或其他手作材料組，這裡也有如皂盤、杯墊及飾品等供遊客選擇，自用或送人都很合適！

info

- 高雄市大樹區竹寮路94號
- (07) 651-2037
- 平日08:30~17:00，假日09:00~17:30
- 起厝DIY280元起、現場磚瓦DIY100元起，各式磚瓦皂盤300元起
- www.sanhetk.com.tw
- 走國道3號於高雄轉接國道10號，下仁武交流道後，右轉接186縣道往大樹區，至台29線時右轉前行可達。

1. 轉型為觀光工廠的三和瓦窯帶領遊客認識各種燒窯的知識。
2. 此處提供小磚塊讓遊客們免費體驗砌磚的樂趣。
3. 紀念品商店有販售三和瓦窯設計的文創商品。

Chapter 2

老屋新貌

二十年、五十年，
甚至超過百年，
屬於那些年代的美好，
能夠留存下來是多麼不易，
謝謝珍惜老東西的人，
得以讓美麗延續。

高雄市立歷史博物館

認識這座城市的過往風貌

要了解一座城市的古往今來，走進博物館是最快的方式，高雄市雖沒有如同台南那般擁有數百年歷史故事的沉厚底蘊，卻是台灣近代史重要的一頁。

要認識日治時期以來的高雄，不妨移步前往位於愛河畔的高雄市立歷史博物館，這裡不僅是在台灣唯一由市政府直接管理的單位，因為其建築特色以及逐年舉辦的特展，也一直受到遊客們的青睞。

從外觀看，高雄市立歷史博物館是一棟「穩重」的建築，青綠的磁磚外牆、左右對稱的格局，讓人聯想到端座在堂上的大官，有別於台灣其他地方常見的文藝復興時期仿巴洛克風格設計，這棟一九三九年完工的建築屬於帝冠式樣式，這是在昭和時期日本當地很流行的造屋手法，最大的特色是現代建築搭配日本式屋頂，建材為鋼筋混凝土，屋頂設計像官帽式呈現，而歷史博物館以中央主塔搭配兩側副塔樓的格局更顯莊重肅穆。

3	1
	2

1. 豐富多變的造型窗是建築的特色之一。
2. 館內處處流瀉古典設計之美。
3. 昭和時期日本當地很流行如史博館這種帝冠式樣式造屋手法。

高雄市立歷史博物館

充滿故事性的各項特展

博物館的前身是高雄市役所與高雄市政府，由建築師大野米次郎所設計監造，外觀可是建築系學生研究老建築的好題材。不管是日本傳統的四角攢尖頂、日本菊花圖騰的飾帶，或者是八角窗、桃形窗、弧形窗等多種經典的造型窗，都是值得細細品味的建築美學，而館內的各項展覽便是探究台灣近代史或高雄文創發展的最佳舞台。

1. 特展室不定期會更換主題展。
2.《高小雄的家－兒童故事屋》特展。
3.《未竟之路－高雄環境運動啟示錄》特展。
4. 曾舉辦過的《一甲子的弄影人—蔡龍溪皮影戲文物捐贈展》。
5. 甫進門就能看到寬敞的大廳與優雅氣派的空間。

內部陳列分為三個樓層，一樓屬於不定期特展的空間，共有四個展覽室，先前曾經舉辦過《一甲子的弄影人——蔡龍溪皮影戲文物捐贈展》、《尚水的故鄉》等，以及《未竟之路——高雄環境運動啟示錄》。常態展展期較長，主要陳列在二樓區域，其中《高小雄的家——兒童故事屋》展覽，是針對五歲以上兒童設計的體驗空間。一樓大門右側規畫一處紀念禮品區，販售不少文創商品，包括知名「三和瓦窯」的紅磚杯墊，以老屋地磚花紋做成的紙膠帶創意產品等，是參觀博物館之餘可以選購的紀念品。

順遊景點

享受藝文氣息

位在歷史博物館附近的高雄市音樂館以及高雄市電影館，常有豐富的音樂表演及電影或影展展出。

info

- 高雄市鹽埕區中正四路272號
- （07）531-2560
- 09:00～17:00，週一休館
- khm.gov.tw
- 走國道1號下高雄中正一路交流道，右轉走中正一路到四路，過愛河後可達。或搭乘高雄捷運橘線至「市議會站」或「鹽埕埔站」步行約10分鐘可達。

好市集手作料理

百年老屋裡品嘗歐式佳肴

走在舊時哈瑪星的街道上，即便只是一瞬間，也無法忽略這棟有著九十多年風華的殖民地式建築，就算周遭景物隨光陰變得模糊，也無損它的姿態，依然迷人且深具魅力。

老屋是時間走過的美好痕跡，我們無法留住時間，但是可以保留回憶，因此有不少人特別喜愛老房子沉澱的韻味，這些人裡也包括好市集的老闆黃穎。外表看起來仍像個大男孩的黃穎，剛跨過而立之年的界限，卻已經有十多年的法式料理經驗，就跟所有的廚師一樣，在各個任職的廚房空間輾轉之後，夢想開一間自己的店，而好市集就是他夢想實現的證明。

好市集在二〇一四年五月開幕，以歐式料理為基本概念，為四方的饕客們呈上創意佳肴，選擇這間老屋是喜歡它背後的歷史故事與設計特色，這裡曾是日治時期專門處理海陸貨運的合美運輸組公司，雙拼的格局方正漂亮，側邊牆是色彩度明顯的英式紅磚，走廊的亭腳以磚柱展現，目前還是私人持有，因此好市集承租之後沒有大幅的更動，只在漆彩與樓層之間的地板做強化，大門與鐵窗的普魯士藍是餐館後來加深色系的效果，讓空間多了些優雅風情。

3 1 2

1. 這裡曾是日治時期專門處理海陸貨運的合美運輸組公司。
2. 在地文創者設計的商品在此寄售。
3. 餐館規畫的小包廂讓客人保有隱私。

當令時蔬佐新鮮海味

主廚的專長是法式料理，但其實你可以在這裡吃到包括義大利、摩洛哥、西班牙等地中海的多元口味，在料理的領域中，黃穎更像是一位藝術家，他不會被所謂的菜單侷限，而是依當令的食材隨時做調整，所以餐館每日都會有即時菜單，而且午、晚餐風味絕對不同，四季也不一樣。春日正午的高雄氣溫總是非常熱情，因此午餐的菜色會偏向清爽，二〇一六的春季沙拉菜色中就曾設計了一道希臘式風味沙拉，以剖半的法國麵包為底，上面堆砌著各種鮮蔬材料，包括用蒜油浸泡過的鮪魚、起司以及薄荷調味，顏色豐富，口感爽脆，也適合春、夏兩季食用。

主食方面會有紐西蘭小羔羊當作主打的菜單，以法式烹調手法呈現，搭配小烤過的時令蔬菜，很能挑逗口腹之慾。海鮮也是餐廳目前很受歡迎的菜色，黃穎平均每週會到前鎮漁港掃貨一到二次，運氣好的話能買到讓他大展身手的海味，譬如曾出現在餐桌上的鮮美軟絲，以及乾煎就很可口的紅雞魚，愛玩料理的大廚總能帶給客人們驚喜。

好市集很強調自己是綠色友善餐廳的身分，所有人都知道美食要吃得滿足也要安心無虞，因此店裡使用的蔬果、作物都有值得信任的來源，包括從微風市集採買，或選購農業局推薦、有產銷履歷的農產品，都能仔細地為客人把關。

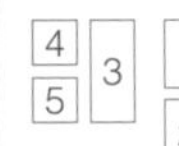

1. 餐館每日都有即時菜單，午、晚餐風味絕對不同。
2. 希臘式風味沙拉適合春、夏兩季品嘗。
3. 去掉一部分的樓層隔板讓整個空間有更好的視野。
4. 興建之初就已存在的美麗花紋地磚。
5. 蛋糕等烘焙品也是餐館的熱門美食之一。

順遊景點

鼓山—旗津

吃飽喝足之後，還能步行至鼓山輪渡站，搭船去旗津走走逛逛。

info

- 高雄市鼓山區鼓山一路19號
- （07）532-6899
- 11.00～16:00、18:00～22:00（假日提早至09:00開店），週二公休
- www.facebook.com/marche2014
- 走國道1號下高雄中正一路交流道，右轉走中正一路到四路，過愛河後續行接大公路，左轉鼓山二路接一路可達。或搭乘高雄捷運橘線至「西子灣站」，步行約2分鐘可達。

打狗英國領事館文化園區

重現百年前的外國風情

站上打狗英國領事館哨船頭山上官邸的觀景平台，蔚藍海洋帶來清涼的徐風，心情舒暢之餘倒是羨慕曾經在此居住過的第一任領事史溫侯……。

這裡不僅有居高臨下的美景，遼闊的海洋風光，還有設計古典優雅的陽台殖民地式樣官邸可以居住，山下就是領事館辦公室，中間用珊瑚礁石打造的蜿蜒階梯串連，雖沒有英式大莊園的開闊，卻也有鄉村小鎮那一絲自在優閒。英國領事館官邸是園區內的市定古蹟，興建於光緒五年（一八七九年），主要作為領事的住所及接待賓客的空間，建築屬於英式風格，斜坡屋頂及方形木構迴廊是主要特色，現在看到的圓拱磚造迴廊則是明治三十三年（一九〇〇年）改建。

打狗英國領事館文化園區是高雄的重要文化古蹟，由官邸、辦公室兩大主要建築組成，前往文化園區有二處入口，從蓮海路的登山小徑直達官邸，或是從哨船街的辦公室大門區進入，在地人會建議從蓮海路的登山小徑開始遊逛，腳程比較不會疲累。

海港與市區景色盡收眼底

高雄文化局為讓古蹟活用，將官邸部分空間委外經營，目前有古典玫瑰園在此開設餐廳與商品店，山下的辦公室空間也有一區，因為官邸的廊道視野很棒，有不少遊客會在此享受下午茶時光。另一處空間則作為歷史文物展覽，像是《世紀之眼：高雄港時空記憶》主題展

出，主要陳述高雄港的發展故事。

官邸室內古意處處，戶外庭院或賞景平台更吸引人，文化局在官邸打造一處寬敞的木棧觀景平台，可以欣賞高雄港與台灣海峽風光，這裡也是眺望對岸旗後燈塔的好位置；另一處賞景平台沿著下坡階梯側邊打造，一張張木椅可供人休憩，遠方就是高雄市熱鬧的街景，兩區所看畫面截然不同。

1. 典型的殖民地式樣官邸以大量的紅磚建材打造。
2. 賞景平台沿著下坡階梯側邊打造。
3. 在此駐點的古典玫瑰園餐廳二樓陽台上有絕佳風景。

由官邸沿著登山古道向下大約十分鐘就能抵達領事館辦公室，古道是由花崗石、硓砧石、紅磚等建材組成，兩旁綠林密布，景色很是幽靜。領事館周邊廣場有不少附加的設備，包括牢房遺址、古井、防空洞等等，比較特別的是有不少人物雕像展示，為得是讓當年的生活型態更立體地展現在大眾眼前，譬如後方的馬雅各看診區，大門前的舊時哨船頭街景人物像等等，都是探詢早期外國領事館實際樣貌的好去處。

4 3 1 2

1. 優雅長廊引人發思古之幽情。
2. 下山古道氣氛很是閑靜。
3. 古典玫瑰園紀念品商店可購買各種香氛與茶飲包。
4. 領事館辦公室位在山腳下，以塑像呈現當年的生活型態。

info

- 高雄市鼓山區蓮海路20號
- （07）525-0100
- 09:00～21:00，除夕及每月第三週的週一休館（7、8月除外）；定時導覽時間可查詢官網。
- 門票全票99元，優待票49元，優惠票39元
- britishconsulate.khcc.gov.tw
- 走國道1號下高雄中正一路交流道，右轉走中正一路到四路，過愛河後續行接大公路，左轉鼓山二路接一路，右轉臨海二路，左轉哨船街可達。

順遊景點

欣賞西子灣落日美景

英國領事館官邸山下便是高雄知名景點西子灣，每到落日時分，便有大批遊客在此聚集，欣賞夕陽映在海面上的魔幻時刻。

1

2

1. 故事館前身為高雄港車站辦公室。
2. 館內保留了早期的車票箱。

打狗鐵道故事館

走進老高雄港車站的文化時空

打狗鐵道故事館其實就是一間很典型的火車站體，從外觀上看，有別於台灣一些老車站的古老風華，這是經過幾個時代的建築改變後的樣貌。

作為高雄的第一個火車站，高雄港車站在台灣的鐵道歷史占有重要的一頁，這個在一九〇〇年完工的車站，前後被稱作「打狗停車場」、「打狗驛」、「高雄驛」，直到二〇〇八年才卸下送往迎來的任務，而在文化部與鐵道文化協會的規畫下，在二〇一〇年年底，正式成為具有推廣鐵道文化意義的打狗鐵道故事館。

從日治時期的木造房到二十一世紀的水泥磚房，故事館所呈現的現今樣貌其實與二〇〇八年結束前的站體沒有多大變化，就連屋頂上的黑瓦也被完整地保存下來。館內最精采的地方無非是各區展示的珍貴文物，這都是中華民國鐵道文化協會努力蒐集而來，這處空間目前也是由協會管理經營，每月都會不定期舉辦跟鐵道文化有關的講座。參觀故事館讓人興奮的地方在於可以光明正大地在老車站內遊逛，多少排解了一般人對於車站內部辦公場所的好奇，畢竟每次買票只能透過小小的窗框看著台鐵人員的辦公處所，這次以原貌呈現舊打狗驛辦公室格局的鐵道故事館，實在滿足了大家的想像。

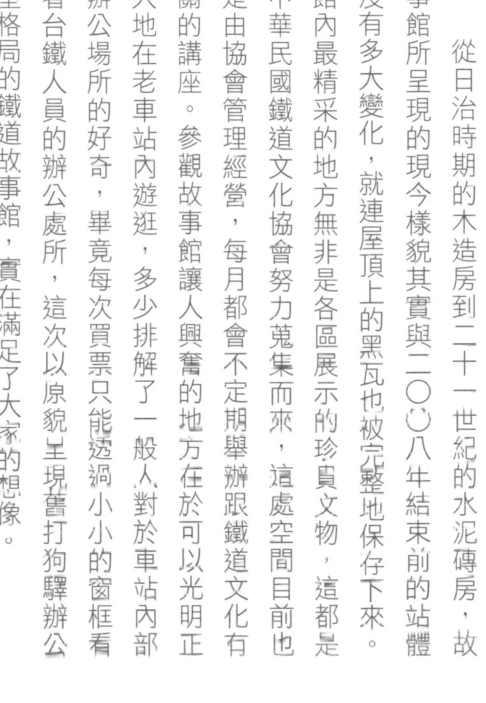

1
4 2
5 3

1. 鐵道環是列車繼續通行的交接證明。
2. 泛黃書冊細數著車站曾經的輝煌。
3. 牆上掛著記載運費的老舊圖表。
4. 此處保留著復古的候車椅。
5. 故事館周邊還能看到老建築的鬼瓦遺跡。

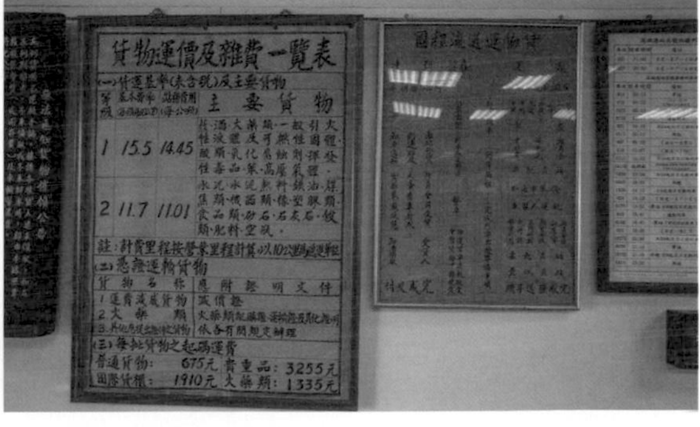

穿越時光的歷史物件

既然作為辦公處所，火車站內部就沒有太多的隔間，一進大門左側就是一眼望盡的辦公桌處，右側則是站長室，簡單以性質區分可分為第一展覽室，這裡也是原車站的貨運辦公室，以及原為站長室的第二展覽室，另外還有鐵道資料館（原南側總務室）和戶外的客運月台與軌道區，後者也是擺放多列老火車車廂的地方。

第一展覽室裡有不少很珍貴且少見的歷史文物，最特別就是木製的托運單木櫃，一層層箱格上標示著「台」、「米」、「光」等字樣，這是各家貨運行的商標，

取件、收件一目了然。當然也有許多黑白老照片可以看到幾十年前高雄鐵道的全景，其中就有一張是一九二〇年代的高雄港車站周邊風光，包括月台、扇形機關庫等都存在影像當中。

另外還有一九三七年從高雄出發的各站里程與票價表，那時還有分一等、二等、三等車廂的票價，高等車廂只讓日本人或尊貴人士乘坐，台灣人通常只能選擇三等車廂。環狀的車輛通行路牌因為現仍常見，所以遊客們也不陌生，當然，已經是骨董的卡式車票好好地躺在辦公桌上讓鐵道迷們看個仔細，這些都是涖臨故事館不可錯過的寶貝。

1. 這處空間目前由協會管理經營，每月不定期舉辦鐵道文化相關講座。
2. 故事館後方的露天廣場擺設了幾列老火車頭。
3. 古早的打票機。
4. 托運單木櫃是各家貨運行的取收件設備。
5. 館內有不少紀念印章提供遊客蓋戳留念。

順遊景點

遊覽港邊碼頭

往海港邊走便可到香蕉碼頭及漁人碼頭，不僅可以認識過往有「香蕉王國」美名的台灣歷史，也是個買伴手禮的好地方。

info

- 高雄市鼓山區鼓山一路32號
- （07）531-6209
- 10:00～18:00，週一休館
- takao.railway.tw
- 走國道1號下高雄中正一路交流道，右轉走中正一路到四路，過愛河後續行接大公路，左轉鼓山二路接一路可達。或搭乘高雄捷運橘線至「西子灣站」，2號出口出站可達。

書店喫茶一二三亭
日本高級料亭變身文藝茶館

午後陽光輕灑，穿過老鐵花窗投射在洗石地板上，耳畔傳來悠揚的北歐爵士樂，清靈的鋼琴聲讓茶館空間彷彿籠罩著輕紗，如此慵懶自在。

1. 一二三亭主打懷舊的閱讀時光。
2. 此處格局特別，是一棟二層樓內凹的建築。

書店喫茶一二三亭是高雄人很愛蹓躂的場所，尤其是文青族群，沒事都會來發個呆、看本書，他們喜愛這棟老房子的時光氛圍，也用心聆聽屬於老建築絮叨的故事。一二三亭就在打狗文史再興會社隔壁，同屬於新濱老街廓的範圍，當然也是被搶救留下的老房子，這裡曾是擁有百年歷史的日本高級料亭一二三亭的據點，自一九二〇年開始經營，後來一度變身成旅館與船務公司經營，茶館整修後最大的看點是洗石地板與杉木打造的天花板。

打狗文史再興會社接手老料亭後重新整修，在二〇一三年的八月選擇將二樓空間規畫成一間書店茶館，主打懷舊的閱讀時光，因為還原哈瑪星老屋的過往風情，很受在地人與外地遊客的青睞。一二三亭的格局比較特別，是一棟二層樓內凹的建築，一樓是創作者的藝文空間，不對外開放，茶館位在二樓，客人要推開一樓的布簾與長木門，沿著洗石子階梯拾級而上，這段路程不長，卻讓客人進入茶館之前就感受到濃濃的和風味道。

書店喫茶

一杯好茶，一本好書

茶館是一處約四、五十坪的開放空間，業主特地將老屋的原木天花板裸露，讓大家可以欣賞百年前的造屋特色，其中還包括了日式建築物造屋時專為鎮宅用的「幣串」，有守護家宅安寧的作用。室內的主要色調和煦溫馨，赭紅基調的窗框與木桌椅沉澱了心靈，緩慢的步調讓身處其中的來客很自然地放輕聲響，一切顯得那麼安靜悠然。

老屋不能使用明火，因此這裡不提供熱炒類的餐食，但不影響客人們享受美食，招牌餐點是紅酒燉牛肉飯與豬肉咖哩飯，還有三明治與日式口味煎餅等輕食，咖啡更是必嘗的飲品，這裡的單品都是目前很受歡迎的口味，例如耶加雪菲與葉門摩卡，茶飲則多是來自梨山的特種茶，每一款都很受歡迎，非常適合搭配甜點，度過一段自在的下午茶時光。身為書店茶館，自然不缺各式各樣的書籍，這裡規畫了一整面書牆供客人免費拿取閱讀，書種琳瑯滿目，其中還有日文書籍以及台灣的暢銷散文書，是業主的一項貼心服務。書店的客人或輕聲細語，或人手一本書冊，各自安然，卻也同時享受著這處空間所賦予的美好時光。

美好味道

咖啡配甜點

這裡的單品咖啡如耶加雪菲和葉門摩卡，是許多客人來此必點的飲品，搭配甜點就能度過一下午。

info

- 高雄市鼓山區鼓元街4號2樓
- （07）531-0330
- 10:00～18:00
- 紅酒燉牛肉飯150元、輕食90元起、咖啡70元起
- www.facebook.com/cafehifumi
- 走國道1號下高雄中正一路交流道，右轉走中正一路到四路，過愛河後續行接大公路，左轉鼓山二路接一路，右轉臨海新路，左轉捷興二街可達。或搭乘高雄捷運橘線至「西子灣站」，2號出口步行約5分鐘可達。

3

5 4 2 1

1. 店內的一整面書牆供客人免費拿取閱讀。
2. 大量的窗戶引進光源，讓空間更明亮。
3. 安靜優閒的氛圍，是許多人喜愛來此的原因之一。
4. 紅豆抹茶鬆餅搭配茶一起享用非常對味。
5. 茶飲多來自梨山的特種茶，每一款都很受歡迎。

打狗文史再興會社

哈瑪星老街的保存推動者

時代的巨輪緩緩前進，以此爲點，穿越的是過去，等待的是未來，這是不可變的定律，但不代表就得把值得保存的美好回憶拋棄。

打狗文史再興會社的存在，就是為了守護美好的過去而成立，他們喚起了高雄人對於哈瑪星的時光印記，也支持每一條老街、每一棟老建築、每一段老回憶停格的動力。堅持做一件事的這種理念，本來就很動人，如果再加上沒有太多經費補助，在堅持的道路上磕磕絆絆依然不放棄，那麼就足以讓人生起萬分的敬意了，這樣的感受是許多遊客踏入打狗文史再興會社之後，持續不退的想法。

打狗文史再興會社是由一群想要恢復哈瑪星老街樣貌，以及平衡文史保存與城市發展的文史工作者所成立的一處辦公據點，它所在的空間本身就是一棟老宅，在日治時期是佐佐木商店高雄支店的倉庫，而旁邊就是佐佐木商店本店。倉庫是一棟超過八十年歲月的二層樓木造建築，原本是一處廢棄的老屋，在會社

2 1

1. 再興會社文物館在日治時期是佐佐木商店高雄支店的倉庫。
2. 這裡是超過八十年歲月的木造二層樓建築。

志工親力親為的新補舊貼打造下，終於重現了建築原有的樣貌。

認識新濱老街廓的舊時光

會社辦公室目前被作為諮詢中心及陳列館，偶而也被當作舉辦講座活動的場地，一般民眾可以在一樓參觀，二樓因為遺跡保護並不開放。在沒有太多經費補助下，會社辦公室還是蒐羅了不少老物展示，老沙發、老辦公桌，甚至還有一罐標著明治奶粉的舊鐵罐，在這裡可以感受到幾十年前的舊時光，也能感佩會社志工們對於保存老街區的心力。

靜態的陳列館只是會社對外的一個連結據點，要更了解他們對於高雄哈瑪星，乃至於台灣老街區、老建築保存的努力，就要參與他們的活動，打狗文史再興會社成軍於二〇一二年，那時主要是為了保護新濱老街廓而發聲，這一區主要集中在鼓山一路、臨海二路與鼓元街一帶，是高雄至今仍較完整保留日式建築的區域。

原本已經要拆撤的區域，後來被保留了下來，而會社成員也非常努力地要帶大家認識新濱老街廓的舊時光，因此不定時會舉辦名為「走讀哈瑪星」的走遊活動，帶

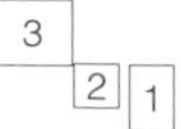

1. 再興會社展示了不少老物件
2. 靠窗的空間擺設了古沙發，讓人想停下歇息。
3. 會社辦公室目前被用作諮詢中心、陳列館，偶爾也舉辦講座活動。

領大家參觀老建物，在二個小時的導覽行程裡，可以遊逛日治時期的商店建築，除了先前所提的佐佐木商店支店，還有一二三料亭、明治製果配給所、本島館等等，透過解說描繪昔日的輪廓，也能認識高雄過往的繁華歷史；除此之外，會社假日舉辦的社區木工班也歡迎有心學習傳統建築技巧的學員參加，透過這樣的學習平台更能為老屋再造多一份堅持的動力。

美好味道

經濟實惠的熱門早餐

老街區附近的小吃真不少，再往碼頭邊走有家「碼頭阿姨蛋餅」，這裡的蛋餅不用煎而是用炒的，以至於吃起來不會太過油膩，口感軟嫩邊緣微微焦脆。

info

- 高雄市鼓山區捷興二街18號
- （07）531-5867
- 11:00～16:00，週一公休
- www.facebook.com/TakaoKaisha
- 走國道1號下高雄中正一路交流道，右轉走中正一路到四路，過愛河後續行接大公路，左轉鼓山二路接一路，右轉臨海新路，左轉捷興二街可達。或搭乘高雄捷運橘線至「西子灣站」，2號出口步行約5分鐘可達。

眷村文化館

留住紅門、黑瓦、竹籬笆的回憶

不管是否爲眷村子弟，現代的年輕人對台灣的眷村文化總是懵懵懂懂，但又多少想接觸如同電影《竹籬笆外的春天》裡那種奔放的氣息。

眷村文化是台灣早期歷史很重要的一個篇章，隨著世代演變，屬於眷村的角落在逐漸消失，那個以紅門、黑瓦、竹籬笆構築成的生活回憶，或許會因為一棟棟大樓的興建，而僅能在電影膠卷中回味。於是，為了保留台灣的眷村印象，不少地區以成立文化館的模式，試圖訴說那個年代的故事，位在左營的眷村文化館就是很經典的一處，早在二〇〇七年就已經開放，館內文物與資料豐富，導覽志工專業，讓大家透過老文物的展示，再一次走進紅門竹籬笆的時空之中。

左營眷村文化館的前身是海光三村的診療室，海光三村屬於海軍眷區，這棟建築後來作為海勝里活動中心使用，直到文化館計畫要進行時，才就原有的建築做設計，目前呈現的樣貌是一棟很具現代感的展示空間。文化館為一棟二層樓建築，一樓為常設展區域，二樓是特

1. 館內主要展示台灣各地的眷村文物與影像介紹。
2. 國旗與紅木門是老眷村的代表印象。
3. 藤椅與古老電視訴說著幾十年前的生活型態。
4. 這樣的標語對老一輩的軍眷子弟記憶猶新。

展區，不定期陳列台灣各地的眷村文物與影像介紹，之前曾經舉辦過《飛行部落—岡山眷村》特展，說的就是空軍眷村的故事。

聆聽光陰的故事

與其他文物館比較不同的是，這處文化館的導覽志工大部分都是貨真價實的軍眷子弟，透過他們的解說，館內的所有物品如同有了生命一般，大到一個高雄眷村區的模型圖，小到一張備役人員眷屬身分補給證，他們都能娓娓道來背後的故事，比起靜態的陳列文物，與志工們聊天更是最直接的收穫。

文化館一樓區分了幾個展示空間，包括「光陰的故事」、「家書」以及「廚房」等，在這些區域裡，每一個物件都是文化館費心蒐集而來，當然也有不少是熱心人士的捐贈，有深具時光感的沙發，或者是用毛線編織的抱枕，這些物品的背後可能是一家子人的歡聲笑語，也可能是祈願關心，值得參觀者慢慢地、仔細地探索。

1. 三軍制服可免費提供民眾穿著體驗。
2. 館內可見每個費心蒐集而來的老物件。
3. 老舊的裁縫機。

info

- 高雄市左營區龜山巷157-2號
- （07）588-2775
- 09:00～17:00，週一休館
- village.khcc.gov.tw
- 走國道1號於高雄鼎金系統交流道轉接國道10號右轉往左營方向，下左營交流道，接台17線，右轉勝利路後步行5分鐘可達。

精采亮點

三軍制服穿著體驗

每每看到穿著帥氣制服的三軍健兒或女軍官，總是很羨慕他們昂然挺立的姿態，文化館也貼心地為遊客提供體驗，穿上後也如同參與了那個激昂年代。

幾十年老屋在濃厚的文創風下自有其味道。

常美製冰店

七十年老冰店注入文創風

如果說Gelato已是義式冰淇淋的代表，那麼古早味香蕉冰勉強能擠進台灣傳統冰的歷史篇幅，早期物資缺乏，用糖漿混合香蕉水製成清冰的冰品沒有被汰換，現在反而因為復古風潮流行而絕地反攻。

常美製冰店一開始只是間小小的雜貨店，就在旗山文中路與一條窄巷的交會口，長屋矮房依舊維持著舊有的格局，前區賣冰，後區製冰，從第一代的郭李常美阿嬤，到喜歡為自己冠上三代目自稱的孫子郭人豪，已經是一個來旗山的必訪基地。小雜貨店開始賣冰大概是在一九四五年，那時香蕉清冰是主流，阿嬤以此為基底，搭配各種食材佐料，一口冰一次暢快，冰品也開始成為專賣。

老冰店空間沒有一般傳統冰店的簡陋感，幾十年老屋在濃厚的文創風下自有其味道，這是因為十多年前參與統一集團的好鄰居計畫，有了經費為店面上了新妝，三代目的姊弟倆沒有做多大的更動，只在一些古物蒐藏與座椅上融入一些自己的想法，姊姊曾到義大利留學，專長是工業設計，店裡有些畫作就是出自她的巧手，另外還有舊菸盒、玻璃牛奶罐、挖冰淇淋的勺子，或者是店面邊牆上掛的老舊電話筒與廢棄的速克達機車，都是他們平日的收藏，為了豐富老店的裝潢而貢獻出來。

招牌冰每一口都是菁華

不同於常見的質樸手寫菜單，常美製冰店的冰品價目表很時尚，也標示得很清楚，想吃傳統冰品的話，有原味、紅豆、芋頭、綠豆可以選擇，這些配料皆由店家自己熬煮，另外還有草莓、酸梅等，都是以香蕉清冰為基底，連同種類繁多的冰棒早在阿嬤時代就已經存在，這些配方也是阿嬤所持有。

義式冰淇淋則是郭人豪的父親開始接手後研發，他曾在華航任職，退休後接續常美製冰的經營，為此還特地前往義大利學習製冰技巧，如今製冰任務都是他與兒子執行，在義大利製冰機器的輔助下，專研各種口味，店裡的豆漿就是這麼琢磨出來的。四季如夏的高雄讓冰店總是人潮滿滿，首次拜訪的客人不妨試試常美招牌冰，可以同時吃到香蕉清冰、綜合料以及冰淇淋三種滋味。

圖片提供／常美製冰店

圖片提供／常美製冰店

圖片提供／常美製冰店

圖片提供／常美製冰店

info

- 高雄市旗山區文中路99號
- （07）661-2524
- 09:00～19:30，每月最後一週的週三公休
- 傳統冰品40元，特色冰品50元起，風味冰品45元，義式冰淇淋單球30元，傳統冰棒12元
- www.faccbook.com/旗山-常美冰店-115426101861642
- 走國道3號南下田寮交流道左轉接台28線往旗山方向，進旗山市區後，左轉旗南一路，左轉中正路，右轉義德路，左轉文中路可達。

1. 三代目的姊弟倆將文創風注入老冰店。
2. 水果冰淇淋是夏季消暑的最佳選擇。
3. 清冰加料是這裡的經典吃法。
4. 前區賣冰的區域。
5. 常美招牌冰可同時吃到香蕉清冰、綜合料以及冰淇淋。

美好味道

週二、六營業的在地夜市

當地的旗山夜市，有著南部特有的親切熟悉感，有在地人也推薦的南台灣土產專賣店、石板烤肉、廟口鹽水雞等美食。

Chapter 3

藝術文創

以藝術滋養人情，
以文創灌溉風土，
不論是由老房子改建，
或是新興的駐點，
高雄人都樂見它們
在這裡生根、茁壯。

叁捌旅居

串連新舊時代的記憶通道

三〇年代與八〇年代如何對話？有些人會用文字，有些人用影像，鹽埕子弟邱承漢則用一棟房子，再度連結起兩代祖孫之間的情感，透過這處空間，他想讓更多人了解鹽埕的美好故事。

「這裡原本是外婆經營的正美新娘禮服公司的根據地，那時還只是二層樓的木造平房，卻是鹽埕當地很活躍的婚紗製作公司，一件件白紗從內銷做到外銷，甚至還舉辦服裝展示，在四〇年代也曾經蔚為潮流。」提起叁捌旅居這棟老宅的故事，接手的主人邱承漢總是透過敘述讓過往的時光十足立體化，作為返鄉在地人，他很想為家鄉貢獻一份心力，炒菜不拿手，煮咖啡也比不過專業職人，便興起了讓老房子再現風華的想法，於是一處可以做藝文交流、蒐集旅遊資訊以及深入走訪鹽埕老區的文創大本營就這麼誕生了。

叁捌旅居的命名很有深意，「叁」指的是外婆生活的三〇年代，「捌」是邱承漢所處的八〇年代時光，他與外婆的感情深厚，回憶起兒時幾乎都是在此度過，到

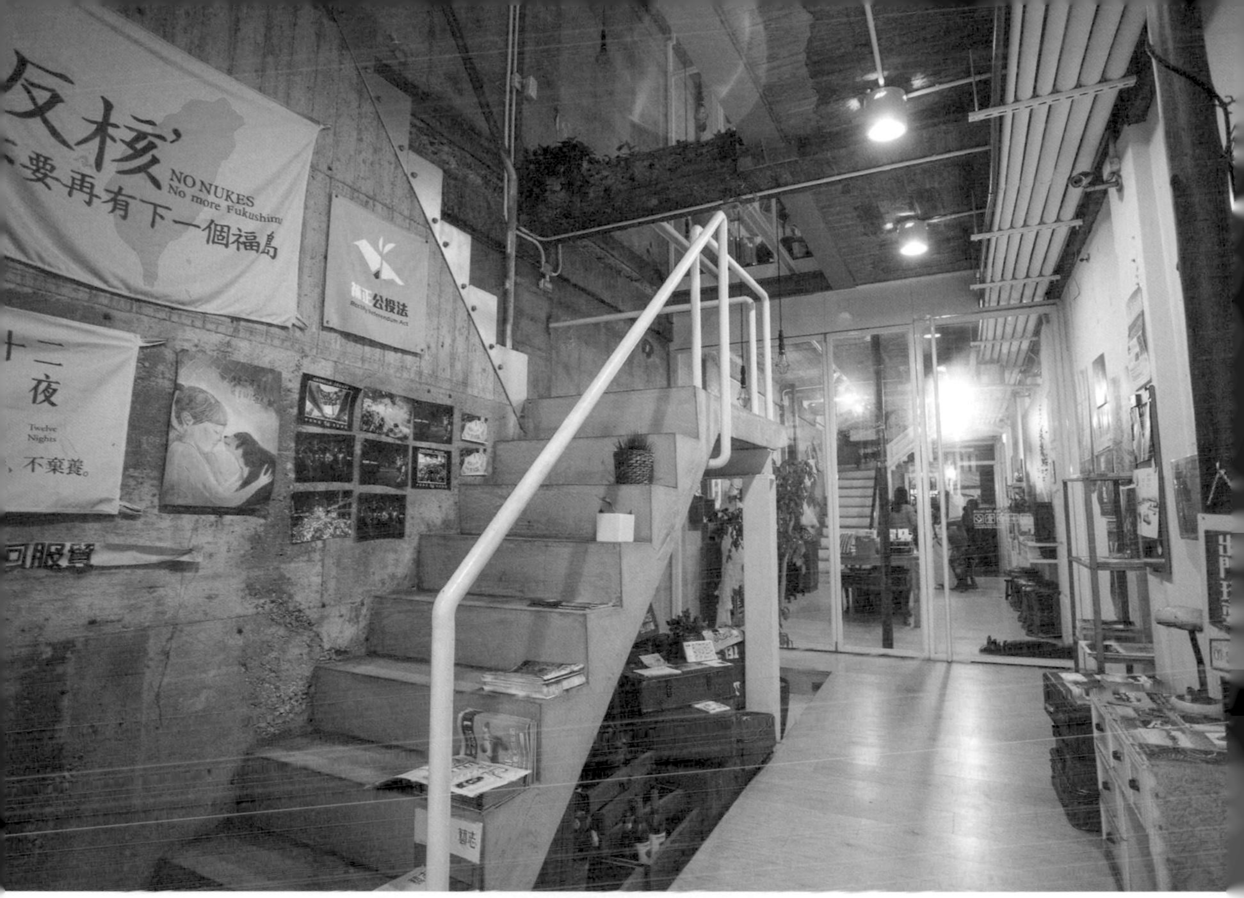

了現在，外婆的禮服公司休業了，他卻不想讓回憶就這麼消逝，所以把已經改建成五樓透天厝的水泥建築賦予了新風貌，獨特的設計裝潢風格還因此獲得了ADA新銳建築獎首獎。

1. 三樓的空間曾是邱承漢祖父母的房間，現在也供長住的旅客入住。
2. 旅宿內處處可見當年正美新娘禮服公司所使用的舊物。
3. 位在一樓的塩選賣所。
4. 叁捌旅居立腳於一棟興建於三〇年代的透天厝老屋。

1. 叁捌旅居獨特的設計裝潢風格獲得了ADA新銳建築獎首獎。
2. 一樓陳列不少當地文創商品。
3. 拿本書找個角落，便能夠安靜閱讀。
4. 海外旅客尤其喜歡這處位在二樓的空間。
5. 三樓房間保留了邱承漢祖父母當時生活起居的動線。

從在地人眼光了解家鄉故事

老宅是一棟宅面深長的商住兩用空間，為了引進更多光源，設計師在前中段鑿了四口天井，包括前段靠大門處，正立面沒有設窗框，只保留舊有的磚牆，讓戶外光線可以大量進入，因為邱承漢的堅持，老屋維持了八成以上的原狀況，刻意裸露的水泥樓階板，有著雕花刻紋的樓梯扶手，搭配大量的鋼材，讓空間散發著輕工業風的氛圍，而散落的老皮箱、復古打字機與電話則以濃厚的時光韻味，為這裡增添了情感深度，讓人在行走穿梭之間，彷彿還能看到婆婆踩著縫紉機設計婚紗禮服的身影。

作為一個開啟旅人認識老鹽埕或新高雄的入口處，邱承漢讓叁捌旅居同時擁有旅讀冊店、埕選賣所、展演空間的多重功能，旅讀冊店位在二樓，這裡是一處交換旅遊資訊，蒐集旅行攻略以及可以小喝一杯飲料的地方；而一樓的埕選賣所陳列了不少當地的文創商品提供選購，包括織織人67號創作的鹽埕鐵窗系列手提袋，老字號萬先蒸籠店的小蒸籠等等。

三樓以上是旅宿空間，有時候會提供給長租的旅人或藝術家入住，最有故事姓的房型自然是外公、外婆曾

經居住的主臥，邱承漢保留了當年老人家的生活起居動線，寢室在最前端，直接面對馬路，光源足透明亮，富麗典雅的床頭架讓人以為到了歐洲的某個古堡，位於中間的起居室內有藤木椅與木造吧台，讓人很想在此唱上一曲經典老歌。每個人都會有不同的旅行目的，透過在地人的眼光了解他們的家鄉故事，想必是所有旅人們最想擁有的旅行回憶。

info

- 高雄市鹽埕區五福四路226號
- （07）521-5938
- 14:00～21:00
- 3080s.com
- 國道1號下高雄中正一路交流道，右轉走中正一路到四路，左轉大勇路，右轉五福四路可達。或搭乘高雄捷運橘線至「鹽埕埔站」，步行約3分鐘可達。

順遊景點

可愛繽紛印花樂

喜愛文創的朋友，可以順道去印花樂在附近開設的高雄鹽埕直營店，用可愛繽紛的印花布製成的特色商品，也有不定期開設手作課程喔。

Danny's Flower 時尚花藝

碼頭舊倉庫裡的綻放與浪漫

花店不只賣花，也能是看花、玩花的自由場域，在台北有二處據點的 Danny's Flower 南下闢新館，將奔放的高雄港口風情與花藝融合，帶領大家進入剛硬與柔美並存的世界裡。

1. 浪漫的捧花為待嫁新娘打造夢幻的氛圍。
2. 走進Danny's Flower有如愛麗絲夢遊仙境。

為了祝福，送花；為了思念，送花；為了求婚，自然也可以送花，每個人送花的動機千百種，而這千百種原因讓大街小巷開起了花藝店，Danny's Flower 的老闆兼藝術總監 Danny 也是其中之一，不過他的理由很浪漫，為了讓妻子 Helen 有難忘的婚禮，專長是視覺設計的他親自動手構思婚禮會場的花藝布置，獲取了愛的禮讚，也打開他涉足時尚花藝的大門，開了一間提供綠植花草、美好花器、玩花課程以及婚禮宴會花藝諮詢的幸福驛站。

Danny's Flower 在台北起步，因為創意十足，很受菁英族群的喜愛，打開他們的官網，服務包羅萬象，婚宴布置、新娘捧花、Party 形象乃至於邀請卡，只要你願意，完全可以量身訂作，企業、媒體也是 Danny's Flower 的客群，包括有十勝川住宅樣品屋、卡門畫廊開幕記者會等。

二〇一五年二月，一次的設計師大會讓 Danny 與高雄的駁二有了接觸，當時正如火如荼規畫的大義倉庫群吸引住他的目光，他很推崇這處藝文特區自由奔放的精神，加上高雄並沒有相關性質的花藝設計館，因此沒有多做考慮便舉家南遷，選擇了 C8-14 這處空間，並在同年四月開幕。

以港口為主題營造空間

從大義街走進老倉庫群，Danny's Flower 在較為幽靜的第三棟屋群，邊角的位置讓它擁有絕佳的三個牆面，因此設計師大膽使用特製大片玻璃搭配粗獷的窗框與支撐鋼材立柱，符合了 Danny 想以高雄港口為主題的想法，內部空間也處處可見鋼條與貨櫃材，其中櫃台就是用一整個鋼板貨櫃拆解後分區裝置，貨櫃號碼都清楚可見，這樣的工業風格與柔美的花朵形成絕妙的融合，是花店，同時也可以是一處展覽空間。

創意沒有型體與框架，而這樣的認知在 Danny's Flower 尤其明顯，走進香氛淡淡、縈繞鼻間的店裡，會有陷入愛麗絲夢境的恍惚感，這裡的花朵不長在土裡，卻綻放蓬勃生機，桃粉、豔紫的星辰花璀璨了用鋼條網成的樓梯壁面，這是為了某間民宿乾燥豢養的浪漫紫海，天花板與展示桌台處放著皇后蕨與鹿角蕨，大小尺寸不一，能進得大廳也上得了女性上班族的辦公桌面，可愛的植栽總能放鬆人的心情。在這裡，你可以自由參觀，也能買個喜愛的花器，更能報名加入一場花藝課，當然，最棒的是跟 Danny 與 Helen 說：「我要結婚了，可以請你們為我布置婚禮嗎？」

5 4
6 3 2 1

1. 這些小盆栽也能購買回家。
2. 老闆兼藝術總監Danny有許多的奇思妙想。
3. Danny's Flower因為創意十足，很受菁英族群的喜愛。
4. 灰色調的建築與花藝產生衝突美感。
5. 上層閣樓區是花藝課程的授課空間。
6. 只要敢想敢做，花藝的呈現就能無邊無際。

info

- 高雄市鹽埕區大義街2-1號（駁二藝術特區大義倉庫C8-14）
- （07）521-6584
- 11:00～19:00，週一公休
- www.danny.com.tw
- 走國道1號下高雄中正一路交流道，右轉走中正一路到四路，過愛河左轉大勇路，左轉五福四路，右轉大義街可達。或搭乘高雄捷運橘線至「鹽埕埔站」，自1號出口步行約10分鐘可達。

美好味道

散步去吃冰淇淋

鄰近的約客夏．手工義式冰淇淋，除了黑啤酒、威士忌、高粱等酒類冰淇淋備受喜愛，漂浮冰咖啡也是熱門品項，店內還會不定時舉辦藝術展覽。

駁二藝術特區

碼頭老倉庫實驗新美學

要感受美學的脈動，莫過於直接穿梭在藝文展覽當中，在那樣的氛圍也能沾染些氣息，在高雄，要說最有美學文創風格的區域，便是駁二藝術特區了。

駁二，指的是高雄港的第二號碼頭，位在第三座船渠當中，這裡有許多的大面積倉庫，多建於一九七三年前後，主要用作貨物的儲藏或存放，多年之後，隨著碼頭業務的減少，閒置的倉庫愈來愈多，那時剛好市政府需要尋找場地，用來施放國慶煙火，無意中發現了這塊遠離都會區的角落，在地的藝文界人士也看中這裡的文創發展，於是在二○○一年成立駁二藝術發展協會，並對一些老舊倉庫進行整修，一年多之後基本雛形完成，這裡也成為南部藝文發展的搖籃。

啟動後的藝文特區曾在文建會的指導下舉辦過不少活動與展覽，二○○六年後則由高雄市文化局接手至今，現在的駁二藝術特區已經是市民們與海內外遊客來高雄必訪的重要文創根據地。特區的地域非常廣大，原則上泛指位在大義路、大勇路以及蓬萊路幾條巷弄周邊的長

方形範圍倉庫群，分別稱為大義倉庫、大勇倉庫以及蓬萊倉庫。

深具文創氣息的大義倉庫

大勇倉庫位置居中，大義倉庫與蓬萊倉庫分列其左右二側，地圖上看起來很近，其實走起路來得花上二、三十分鐘，體力或時間足夠的話可以沿著西臨港線自行車道駁二段慢慢散步，也能同時欣賞散置在鐵道旁的大

1. 藝術家李紀瑩創作的「圈寶寶」與「太空寶」公仔。
2. 大型藝術公仔是特區裡處處可見的代表性特色。
3. 哈瑪星駁二線迷你小火車體驗主要針對兒童族群。
4. 駁二藝術特區是南部藝文發展的搖籃。

1. 大義倉庫區建築外牆常可見藝術創作。
2. 大黃蜂機器人是遊客們最愛合影的標的物。
3. 本東倉庫商店備受在地藝文創作家推薦。

型裝置藝術作品。大勇倉庫及蓬萊倉庫完成較早，大義倉庫則是二〇一五年年初才規畫完成的新興區域，因為進駐的文創店與藝廊較有特色，目前已經成為駁二最多人潮聚集的熱門地點。

大義倉庫被駁二定位成文創設計區，這裡由十多棟紅磚倉庫組成，前後等距排列，很有深深大宅院的氛圍，這一區受到不少知名品牌的青睞，就連北、中部的一些文創業者也搶先在此設點，包括火腿藝廊、Danny's Flower 花藝等等，另外還有微熱山丘、NOW & THEN 餐館、趣活 Cheer for 設計店、藺裏子以及藝文界都很推崇的有酒窩的 lulu 貓雜貨鋪。

有酒窩的 lulu 貓雜貨鋪是串門文化的關係企業，位在大義的 C6-5 倉庫，這裡販售出版品與藝術品，也包括很多珍貴的老物。藺裏子強調公平貿易，全台都有據點，駁二的店面以販售手工服飾、布包等產品為主，同時也供應咖啡。以鼓勵手創為出發點，駁二也開始有戶外的假日市集，大義倉庫的區域不定期舉辦，這是由大義倉庫所屬的店家自發性舉辦，不一定每週都有；固定的假日市集則是由駁二發起，在官網上提供報名與篩選，市集的地點位在大勇倉庫的周邊，是購買手創紀念品的好去處。

倉
本東倉庫商店
不在中途
放手 到

有駁二最大咖守護的倉庫

蓬萊倉庫區段靠近哈瑪星鐵道文化園區，這裡有不少空間用作主題展活動使用，其中讓青年學子一展長才的青春設計節就以倉庫群裡的 B3、B4、B6 作為展場，B9 則是高雄正港小劇場的場地，這裡專門出演實驗性質強烈的表演，隔壁的 B10 倉庫則是知名的 In Our Time 電台食堂，是雙向互動的廣播餐廳，供應飲料、餐點與 live show。

離蓬萊倉庫步行約需十分鐘的大勇倉庫是遊客們最常造訪的地區，駁二的很多風景地標都出現在這裡，包括台糖 C5 紅磚倉庫屋簷上那二個由藝術家李紀瑩創作的「圈圈寶」與「太空寶」公仔，被暱稱為駁二最大咖，還有藝術家蘇家賢創作的「車站壁畫」，創作的建築就是港務局單身宿舍，透過這些藝術家的眼睛，就能尋找最美好的風景。

3 1
4 2

1. 在市集可以發掘不少獨具創意的商品。
2. 大義倉庫群是2015年規畫完成的新興區域。
3. 藝術家蘇家賢創作的「車站壁畫」，畫的是港務局單身宿舍。
4. 透過這些藝術家的創作，總能尋找最美好的風景。

info

- 高雄市鹽埕區大勇路1號
- （07）521-4899
- 室內館場週一至週四10:00～18:00，週五至週日10:00～20:00。小火車週一至週四11:00～18:00，週五至週日10:00～20:00
- 迷你小火車票價99元／人
- pier-2.khcc.gov.tw
- 走國道1號下高雄中正一路交流道，右轉走中正一路到四路，過愛河後續行接大勇路可達。或搭乘高雄捷運橘線至「鹽埕埔站」，自1號出口步行約5分鐘可達。

趣味玩意

假日限定迷你小火車

蓬萊倉庫最吸引人的便是假日限定的哈瑪星駁二線迷你小火車體驗之旅，只要在B8倉庫就可購票搭乘，主要針對兒童族群，大人也可陪同。

好，的文創館

販售台灣在地的美好夢想

好，的起源於台中，是由一群擅長文創、地政、心理及化工領域的年輕團隊創立，駁二據點就是高雄的旗艦店。

要選擇高雄最具美學氣質的角落，人氣一直不墜的駁二藝術特區絕對排名前十，不管是在地人亦或是外地遊客，總會找個時間去逛逛，沾染一下藝文氣息，之前大家習慣在老區、也就是大勇倉庫一帶閒逛，二〇一五年元月大勇路上的大義倉庫群經過重新規畫後，成為新的據點，老倉庫空間吸引了不少很有特色的文創商店與藝廊進駐，其中也包括知名的微型品牌銷售店「好，的」文創館進駐，讓更多人可以購買到很棒的台灣設計商品。

賣店空間的規畫本身就很有設計感，以清水模為基調，搭配木質的商品陳列平台，讓店裡散發著濃郁的自然森林系味道。

駁二的據點裝潢運用了很多高雄市景意象，商品陳列架設計成高雄的半屏山、旗津的堤防沙灘以及哈瑪星老工廠，讓客人在選購產品之餘，也能感受到濃濃的在地味。既然要支持台灣的特色微型工藝品牌，這裡也一樣擺放了不少讓人驚喜的用品，包括四樓公寓的手工蠟燭、8分滿帆布包、樂樂木動物鑰匙圈還有來吉部落的樟木貓頭鷹等等，商品種類琳瑯滿目，食衣住行都能用的到，既實用又能當作禮物送人，是非常值得一逛的文創館，也能為台灣創作者帶來實質的鼓勵。

1. 4樓公寓的手工蠟燭是店裡的人氣商品。
2. 愛地球木工坊出品的木作餐板造型可愛。
3. 造型布貼可以DIY縫製於任何衣物或布包。
4. 館內有許多台灣特色的微型工藝品牌。
5. 文創館位在駁二藝術特區大義C8-15倉庫。

順遊景點

築夢的藍灯號

位在附近小巷裡的藍灯號，是個小型的展演文創空間。透過玩味飲食、互動實驗，甚至開辦獨立出版刊物，藉著藝術的能量感染給更多追逐夢想的年輕人。

info

- 高雄市鹽埕區大義街2-2號（駁二藝術特區大義C8-15倉庫）
- （07）521-2353
- 12:00～21:00，週一公休
- howdy.tw
- 走國道1號下高雄中正一路交流道，右轉走中正一路到四路，過愛河左轉大勇路，左轉五福四路，右轉大義街可達。或搭乘高雄捷運橘線至「鹽埕埔站」，步行約10分鐘可達。

火腿藝廊

拉近大眾與藝術美學的距離

火腿藝廊，HAM Gallery，是三位老闆兼設計師好友的英文名字，也是 Hatch（孵化）、Art（藝術）、Modern（當代）的三種涵義。

一個飄著細雨的夜晚，高雄許多知名的文創商店或餐館主人都齊聚在火腿藝廊的駁二C7-6倉庫據點，有叁捌旅居的邱承漢、圖釘餐酒館的Ruby，可萊歐小商店的菁珮也從鳳山驅車來訪，因為當日是插畫工作者洪添賢Croter《沒有事實 只有詮釋（To Hide Something）》個人展的開幕茶會，支持的朋友很多，包括這些個很有想法的文青。

私人藝廊向來是培養美學基因的最佳場所，比起一些大型的展覽館，私人藝廊更容易拉近作品與觀者之間的距離，甚至可以成為一個地方的特色，例如紐約的雀兒喜區、東村，大大小小的Studio、Gallery已經是許多人朝聖的地方。二〇〇四年在台南發芽的火腿藝廊便有這樣的志向，希望由他們做起，帶領大家進入當代藝術的領域，二〇一四年末轉移到駁二的舊倉庫裡繼續支持新銳藝術家，駁二的特性吸引不少對藝文喜愛的族群，也是火腿藝廊從高雄三民區的舊址遷移到此的原因之一。

支持台灣當代藝術創作

C7-6倉庫是駁二大義倉庫群其中一棟，從大義街沿著幾棟紅磚建築的狹巷之間穿過，轉個彎，藝廊就在一排連棟倉庫之中。寬闊方正的格局正是藝廊最愛的陳列

1. HAM Gallery，是三位老闆兼設計師好友英文名字的縮寫。
2. 藝廊邀請的藝術家以在地或台灣的創作者為優先。
3. 閣樓層的地方展出活版鉛字文化。
4. 鉛字也能製成USB的創意外殼。
5. 鉛字版也可以變身為文創商品。

空間，這間老倉庫經過時間的軌跡依舊自帶風華，火腿藝廊沒有多做改變，保留了灰白水泥牆面、鋼材窗框與紅磚牆面。

藝廊挑高的屋子簡單地隔了一個層板規畫二處空間，底層為主題的策展空間，優先邀請在地或台灣地區的創作者或藝術家，包括之前的洪添賢到剛結束展期的《Sorry,We Do Nothing. 涂皓欽、王宗欣創作聯展》，不同的媒材表達不同的理念，在這裡可以有豐富的收穫。

閣樓層的地方是長期固定策展，團隊與大陸的創意活字品牌——「字在」合作舉辦《字在活字創意展》，在此展出活版鉛字文化，包括介紹活版鉛字的歷史，漢字的起源、造型等等，當文字已經得從鍵盤上一一打出時，一個個小如紅豆般的鉛字更彰顯了中華文化印刷史的重要歷程。在這裡，可以感受到高雄人對美學的渴望，也明白了藝術創作其實沒有距離，只要你願意讓心靈開啟。

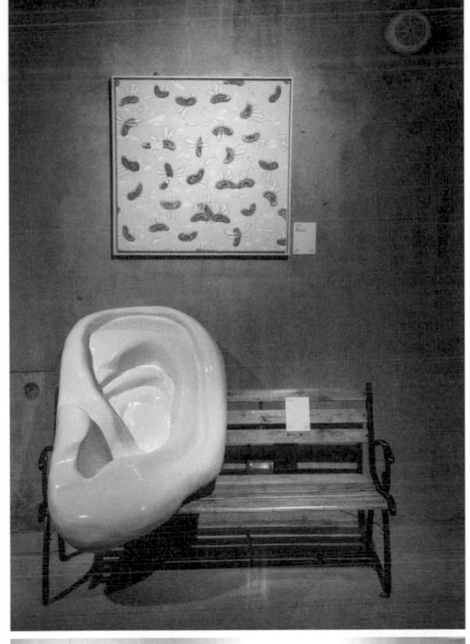

4 5 2 1 3

1. 藝廊保留了舊有的灰白水泥牆面、鋼材窗框與紅磚牆面。
2. 紅磚牆上的小人偶是個小小的驚喜。
3. 私人藝廊向來是培養美學的最佳場所。
4. 寬敞的空間讓作品有更好的陳列方式。
5. 插畫工作者洪添賢Croter親臨《沒有事實 只有詮釋（To Hide Something）》個人展的開幕茶會。

順遊景點

克朗德美術館

由老屋翻新的克朗德美術館，坐落在鹽埕區的老巷弄間，內部空間不大，除了台灣舊文物，也不定期展出國外藝術家的作品。

info

- 高雄市鹽埕區大義街2-1號（駁二藝術特區大義C7-6倉庫）
- （07）521-8384
- 12:00～20:00，週一公休
- hamgallerystore.blogspot.com
- 走國道1號下高雄中正一路交流道，右轉走中正一路到四路，過愛河左轉大勇路，左轉五福四路，右轉大義街可達。或搭乘高雄捷運橘線至「鹽埕埔站」，步行約10分鐘可達。

光之穹頂——美麗島捷運站

全球最美的捷運站

由藝術家水仙大師繪製的光之穹頂，讓美麗島捷運站被CNN評爲全球最漂亮的捷運站之一，也是全球最大型玻璃公共藝術作品。

捷運站有時不僅僅是一處旅客匆匆來去的空間，透過創作大師們的作品，也能成為一處讓人駐足欣賞的絕美藝文空間。高雄的捷運站不少站體空間有國際藝術家的手筆，其中最知名的就是美麗島捷運站的光之穹頂公共藝術作品，這幅耗時四年半打造，由藝術家水仙大師繪製了代表著「水」、「土」、「光」、「火」四種意涵的圖騰，並請德國百年玻璃工作坊Derix用一片片玻璃手工燒製，數量高達四千五百片，整座穹頂直徑長達三十公尺，就位在捷運站地下一樓的穿堂大廳，身處其中有如置身絢爛瑰麗之感的浩瀚宇宙。

沒有解說或介紹，藝術品的境界不是人人能意會的，想要詳細了解光之穹頂每一幅小小畫作的意義，可到一旁的商品館免費租借語音導覽（需抵押金）。不從細部

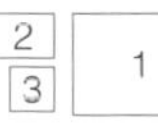

1. 光之穹頂由藝術家水仙大師繪製，展現水、土、光、火四種意涵。
2. 捷運站大廳擺設的鋼琴讓業餘音樂家在此練習。
3. 太陽代表著生生不息。

去探究作品的含意的話，第一眼望去很有盤古開天宇宙洪荒的壯闊感，冷藍暖紅各種繽紛的色調一次次衝擊觀者的心理，就算不那麼懂得大師想要藉由作品訴說的情感，就憑這一整個碩大的面積就能展現其震撼力。

四個區塊，四種元素，有生命的孕育、繁榮與成長、毀滅與重生及創造的精神，水區裡有孕育大地的女子以及迎向光芒的魚群；土區則是一個身上長出大樹男子引來禽鳥棲息，有共生的寓意；火區最明顯的就是浴火的鳳凰；光區則有祭司與曼妙的舞者，這中間還隱藏著不少高雄元素，譬如高雄市花木棉以及市民等等，就連穹頂下居中的二個圓柱也有陰陽兩極的意義存在，是一處值得細細品味的地方。光之穹頂作品已完成多年，二〇一五年十月又多了光炫秀的表演安排，每天有固定時段上演光影變化，是藝術作品的2.0版，有興趣的人可以看準時段前去欣賞。

美好味道

六合夜市

位在鬧區的六合夜市，受國外觀光客的喜愛，細數鄭老牌木瓜牛奶、烤肉之家、海產粥、魠魠魚羹等必吃美食，讓人吃了還想再吃！

info

- 高雄市新興區中山一路115號B1
- （07）793-8888
- 約06:00～24:00。光炫秀時間表可上官網查詢。
- 語音導覽耳機每組押金1000元
- www.krtco.com.tw
- 搭乘高雄捷運橘線或紅線至「美麗島站」可達。

三餘書店
高雄第一家獨立書店

他們說，一段日子最適合讀書的三種餘暇，是冬天、夜晚及陰雨時，所以將店名取爲三餘書店；他們爲高雄打造了第一家獨立書店，想透過翻書的時光，讓大家感受故土家園的書香。

1. 一樓特地規畫屬於台灣代表作家的閱讀角落。
2. 書目中有九成與高雄有關，讓讀者更貼近在地。

三餘的創辦者是一群在文創界活躍的中間份子，包括小子、謝一麟、鍾尚恩、謝天地以及童維辰，後來加入了鍾尚恩的弟弟鍾尚樺與詩人任明信，鍾尚樺是目前駐點的店長。三餘的誕生是因為一句話的刺激，二〇一三年時，台灣已經是獨立書店花朵遍開的現象，幾乎每個縣市都有，可獨缺高雄，所以當嘉義的「洪雅書房」店長余國信問了為何高雄沒有獨立書店之後，這群夥伴便決然地啟動開店的計畫，同年十月，一棟以五十年獨立透天厝老宅打造的書店就這麼出現了。

本土文學的滋養

有了實體店面，三餘立刻成為愛書者流連忘返的空間，參考複合書店的模式，經營者把三個樓層分區運用，一樓是書店，二樓是咖啡館，三樓則是舉辦講座與電影賞析交流的地方。走遍世界，不管設計多麼時尚，裝潢多麼獨特，書店最美風景還是一個個翻書的閱讀者，三餘也不例外，老屋縱深的格局在妥善的規畫下有著截然分明的主題，設計者捨棄了將大門開在大馬路的面向，反而運用了邊巷的位置開了側門，外觀上沒有太多華麗的裝飾，刻意保留建築原貌，石青色的立柱、洗石子地板，處處散發著舊時光的韻味。

VOICES of PHOTOGRAPHY
VOICES of PHOTOGRAPHY
VOICES of PHOTOGRAPHY 攝影之聲
MISSING ARMENIA
PHOTO REPORTAGE
「不山不市的」
小學生攝影課

一樓書店的前區是主題書的陳列以及一些文創商品，書目中有九成與高雄有關，不管是眷村影像還是老高雄文史故事，在這裡可以找到完整的相關書籍。邊角有一處閱讀小區，擺著台灣著名作家白先勇、西西、也斯等人的創作，讓人很快地回溯至早期台灣的文藝時光之中。主要的書架區位在後方，三面高聳矗立的書牆是寫作者的心血，其中還包括不少支持本土文學的出版社，起於高雄的春暉、串門出版社就是其代表。

二樓品咖啡，三樓看電影

在三餘，你還能享受到連鎖書店沒有的服務，店裡會為購書者親自替書本包上書衣，這種珍視書籍的態度在什麼都運轉快速的現代社會更讓人深思，有時候停下腳步，周邊的風景反而看得更清楚。三餘的書衣由店家自己設計，沒有繁複的花紋，只簡單標上「三餘書店」四字，六、七種顏色不定期替換。

二樓的咖啡館比書店晚一個月成立，一直是愛書人或一般客人很喜歡的角落，美食伴書香，好似多了一分內在靈魂。這處空間在菜色規畫上有過幾次調整，目前會以飲品搭配甜點，而原本較為簡單的空間也在二〇一六年四月進行了小小的變革，讓老客人能有不同的體驗與感受。三樓是書店與大眾交流的領域，這裡只在有固定活動或展覽時才對外開放，現在較常態舉辦的就是每週四晚間七點的地殼下影社電影賞析，曾放映過《東京小屋的回憶》、《百日告別》、《橫山家之味》和《二弟》等影片，臉書會不定時更新最新資訊，可直接上網查詢。

1. 書店最美風景仍是一個個翻書的讀者。
2. 咖啡館改裝前的樣貌。
3. 原本的咖啡館進行了小小變革。
4. 二樓的咖啡館提供甜點與飲品。

美好味道

真材實料的甜點

草莓優格派使用大量優格製成內餡，吃起來酸香濃郁；檸檬糖霜蛋糕也是店內的人氣商品，適合搭配單品咖啡或清爽飲品。

info

- 高雄市新興區中正二路214號
- （07）225-3080
- 13:30～22:00，週二公休
- takaobooks.blogspot.tw
- 走國道1號下高雄中正一路交流道，右轉走中正一路到二路可達。或搭乘高雄捷運橘線至「文化中心站」，自1號出口步行約3分鐘可達。

哈瑪星鐵道文化園區

鐵道綠地與藝術的奏鳴曲

三十八條鐵路軌道在同個地方出現，光想那樣的數量與震撼度就足以讓人激昂，更遑論地狹人稠的台灣要怎麼保存這樣珍貴的空間，然而高雄做到了。

當台鐵高雄港車站在二〇〇八年因為臨港線的停駛也要走入歷史的同時，以哈瑪星為名的鐵道文化園區計畫就這麼啟動了。哈瑪星鐵道文化園區是一處被駁二藝術特區蓬萊倉庫群、鼓山一路與臨海新路包圍的廣大鐵道綠地，哈瑪星是從日文はません（Hamasen）轉譯而來的名稱，也就是高雄現今的鼓山區舊名，日治時期這裡是載運貨物前往港口的新濱線鐵道的起點，也承載了高雄人長達百年的回憶。

歷史沒有被遺忘，以往停滿列車的偌大鐵道區域也變身為鮮花滿載、風箏飄揚以及眾多大型地景藝術作品展演的舞台，鐵道文化園區現在已被定位為兼具鐵道綠地與藝術文創性質的戶外休憩場所。擁有新功能的園區面積非常大，約九公頃的範圍得花上一段時間遊逛。

受歡迎的巨型地景藝術

原本由都發局管理的園區，為高雄市民打造了一處假日很棒的休憩去處，也曾因此獲得有「綠色奧斯卡」的國際宜居城市大賽活動的肯定，如今功成身退，在二〇一六年由文化局接手，首發活動就祭出繽紛花卉盛開的景象，特地在多條枕木鐵軌之間的空地種植各種花卉。

這樣完美的一處空間除了是遊客們散步休憩的地點，也是各種藝術節與大型地景藝術作品展出的舞台，二〇

1. 園區展示的老火車頭。
2. 枕木鐵軌之間的空地種有各種花卉。
3. 陳右昇的作品「旅行箱」，意寓倦鳥歸巢。
4. 國際貨櫃藝術節是高雄每年舉辦的大型展覽。

一六年年初舉辦的高雄國際貨櫃藝術節就是選擇在此映展，這是屬於特定主題展，不一定年年可以欣賞，不過散落在鐵道園區裡的幾項大型地景藝術就是固定展品，這是在二〇一二年鋼雕藝術節中，由十多位新銳藝術家創作的鋼鐵雕塑，其實應屬於駁二藝術特區的戶外展示作品，只是剛好置放在鐵道園區的區域上，遊逛之餘也能一併參觀了。

這些展品包括任大賢創作的「My Home」，是一張巨型鋼鐵鏤空座椅，還有陳奕彰使用切割成長條狀的H型鋼，經過扭轉後做成的巨大掃把，而其中最引人注目的就屬鄭宏南的「看！鋼鐵的聲音」與陳右昇的「旅行箱」，前者是用鐵板拼接而成的巨大喇叭，後者是意喻倦鳥歸巢的巨大行李箱，意義深遠，值得駐足欣賞。

順遊景點

天空雲台賞風景

天空雲台是園區內可眺望全景的地點，遠遠就能見到紅色拱橋身影，這裡有大約二十公尺的制高點視角，剛好可以全覽綠意盎然的鐵道公園。

info

- 高雄市鼓山區鼓山一路32號（打狗鐵道故事館旁）
- 走國道1號下高雄中正一路交流道，右轉走中正一路到四路，過愛河後續行接大公路，左轉鼓山二路接一路可達。或搭乘高雄捷運橘線至「西子灣站」，自2號出口出站即可達。

小樹的家繪本咖啡館

用咖啡與繪本創造幸福

有些人會因為一句話或一件事，在人生旅途轉個彎，朝向自己喜歡的、新的目標繼續前進，小樹的主人瓊文，因為《你很特別》這本繪本書，了解到繪本不只是兒童讀物，也能是成人的精神食糧，藉此便開啟了生命的另一扇窗。

1. 主人瓊文喜歡孩子以及他們純真開心的笑容。
2. 玻璃罐上的木蓋有可愛的樹枝造型。
3. 咖啡館空間用原木、清水模與紅磚等建材為店裡定調。

又是一個優閒的週末午後，溫和的光線穿透大片玻璃牆面，灑在咖啡館內每個孩子的專注臉龐，這天是小樹的家繪本咖啡館固定的說故事時間，爸媽帶著小小孩們，隨著說故事的姐姐，徜徉在清揚語調所傳述的世界，一樣的語言在不同孩子的腦海裡自行堆疊影像，這也是繪本的魅力，一點文字，一點圖像，可以天馬行空，無所顧忌，而這也是小樹的家想要在這個空間營造的氛圍，滿滿的笑容以及不受拘束的想像。

小樹的家是在地很知名的繪本咖啡館，二〇〇九年出現在高雄都會區，當時還很少見以繪本結合咖啡館的主題，主人瓊文因為喜歡孩子以及他們純真開心的笑容，加上閱讀繪本所引起的震撼與啟發，經過思考、學習並籌備多年後，她開了這間以繪本為主的咖啡館，結合這兩者在一起的想法，想讓大人與孩子一同享受繪本所給予開心與幸福的感受。

大人也能看見的精采世界

咖啡館的設計來自於瓊文的思惟，她喜愛大自然的質樸，所以用原木、清水模與紅磚等建材為店裡妝點，簡單的元素能更好地襯托繪本所要表達的繽紛世界。店裡規畫了二處牆面作為書架區，客人能自由從中選用閱

讀，各種書目都有，也包括繪本出版最多的歐美國家。相較於一般人把繪本定調為童書，小樹的家更覺得大人也能從繪本中找到樂趣，店裡有幾本主人推薦的書目值得一看，像是《有色人種》、《文字工廠》與《不是箱子》，每一本都發人省思。

美好的閱讀時光可以搭配可口的食物與飲品，小樹的家認為單純、健康的食物也能如同書本一般提供幸福感，店內餐點以輕食為主，現煮的單品咖啡香醇滑順，特製的牛奶飲品讓孩子們喝得安心，而用拖鞋麵包或吐司製作的三明治輕食也讓老客人念念不忘，如番茄起司蛋、花生香蕉與水果麵包等招牌套餐，這些麵包食材與蛋糕點心均來自高雄在地的「麵包工場」，用人工培養酵母製作的天然美味，是看書、聽故事之餘的最佳陪伴。

info

- 高雄市苓雅區林南街16號
- (07) 222-6161
- 週二至週五12:00～19:00，週六、日10:00～18:00，週一、每月最後一週的週日公休
- 小樹咖啡100元起，牛奶飲品70元起，茶飲60元起，三明治80元起，點心蛋糕70元起
- www.facebook.com/小樹的家繪本咖啡館-214969806403
- 走國道1號下高雄中正一路交流道，右轉走中正一路到二路，接五福一路，左轉廣州一街，右轉林南街可達。或搭乘高雄捷運橘線至「文化中心站」，步行約10分鐘可達。

1. 繪本搭配可愛的玩偶，不論大人小孩都會愛上。
2. 舒服的空間讓人擁有絕佳的閱讀時光。
3. 這道牛奶穀麥片輕食很受小朋友歡迎。
4. 用拖鞋麵包或吐司製作的三明治輕食也讓老客人念念不忘。
5. 這些陳列在特色區的讀物都是主人的推薦書目。

精采亮點

常態讀書會與書展

小樹的家常舉辦作家讀書會與主題書展，每週三、六都有安排分享場次，並開放報名，有興趣的朋友可以到他們的臉書查詢。

「聚」竹蚵地景藝術

絕望之地點亮希望之光

紀念，有時候可以透過藝術作品延長得更久，竹蚵地景藝術——「聚」就是一例，這個爲了紀念高雄八一石化氣爆事件的户外裝置藝術，用五千根竹子，二十五萬個蚵殼，表達了高雄人對絕望之地展現的希望與許諾。

美麗的藝術作品所能給予觀者的感受，有時不僅僅是單純欣賞而已，更多的是背後代表的意義以及想要傳達的理念，位在高雄市光華三路與一心一路交叉口的「聚」竹蚵地景藝術，就肩負著凝聚正面力量與重生的希望出現。

這個作品是由知名的裝置藝術家王文志設計，主要是受到立法委員趙天麟與在地社服團體的邀請，為二〇一五年的「在一起藝術節」創作，總共耗時兩個半月的時間，在二〇一五年十月三十日正式點燈亮相，使用了五千根竹子，二十五萬個蚵殼等素材，呈現出如今有著一大一小的蛋形竹編主體、多條甬道以及一棵以白色蚵殼組成的生命之樹景觀。

美好在夜間璀璨重生

藝術作品所在位置之前是一座兒童公園，也因為氣爆而損壞，選擇在這個地方創作，也讓人感受到眾人期待「絕處逢生」的寓意。一步步走在竹子、蚵殼環繞的空間裡，能體會創作者想要表達對土地、宇宙、海洋的生生不息。繁複纏繞的竹編條與緊密聯繫的白色蚵殼是團隊們一個個親手完成，很感佩他們背後的辛勞，也希望能對傷痛的心靈帶來療癒的作用。

「聚」的名字取得美好，夜間亮燈之後的璀璨，更加動人。這個作品並非永久擺放在此處，二年之後就會撤離，遊客們可要把握難得的時光！尤其是在地人很喜愛的晚間點燈時刻，透過燈控，作品會展現繽紛光彩，看著夜色著閃閃發亮的螢光，誰說希望不在人間呢？

2 1

1. 5千根竹子打造了重生的力量。
2. 竹蚵地景藝術使用25萬個蚵殼素材創作。

美好味道

在地人的美食天堂

欣賞完裝置藝術之後，不妨沿著光華二路一路往北走（中正足球場方向）來到「光華夜市」。這裡集結了南北知名小吃，東西便宜又大碗，在本地人的眼中可是美食天堂！

info

- 高雄市光華三路與一心一路交叉口（前鎮31期公園）
- 17:00～22:00（亮燈）
- www.facebook.com/togetherartfestival（在一起藝術節）
- 開車走國道1號下高雄三多一路交流道，右轉走三多一路、二路，左轉光華三路可達。

可萊歐小商行

低調的小店面遠大的文創夢

低調的店面販售著各種設計好物與雜貨，可萊歐小商行爲鳳山營造出不同的生活型態，也帶來多一些屬於藝術文創的風氣。

鳳山是一座古城，要牽扯上藝術美學，最多的面向大概是廟宇上的雕刻、剪黏或老城牆上的紅磚片瓦，直到大東藝術文化中心成立，漸漸地，一些文創相關的店家身影開始在小巷裡出現，而可萊歐小商行就是其中之一。可萊歐的靈魂人物——鳳山媳婦菁珮，因為擁有藝術工作背景，她為這間緊臨著大東藝術文化中心的可愛商店引進了高雄最有設計靈感的手創小物品牌，譬如「陶來福」、「MUFUN 木趣」，當然也少不了文青界很愛的「織織人67號」。

很早以前，菁珮就想開一間自己夢想中的小店，在北部生活的她，因為婚姻選擇常駐鳳山，所學專長領域跟藝文息息相關，加上希望支持有才華的台灣手創品牌設計家，因此在二〇一二年規畫了這處空間，作為推廣

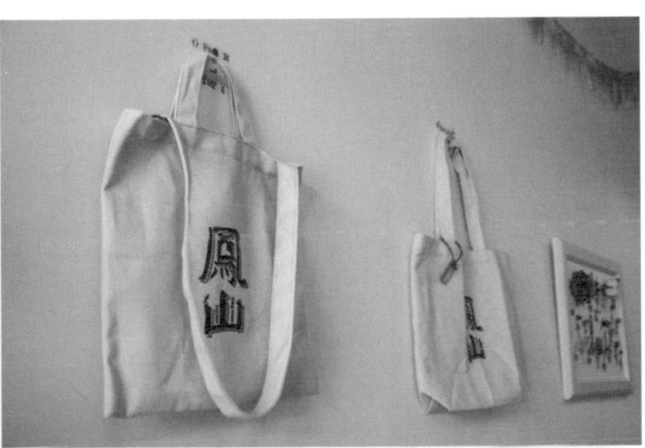

1. 空間每個角落都來自菁珮的靈感布置。
2. 以鳳山字樣作為設計圖騰的帆布包。
3. 可愛的小物讓人愛不釋手。
4. 店主人菁珮規畫了這處空間，以推廣手作小物。

手作小物的平台，也同時成立了日青創藝團隊，為鳳山、乃至於高雄的文化產業貢獻一份心力。

店面空間不大，卻在主人的巧思創意下，每個角落都被運用到極致，木造的展示桌台、牆上的鐵架、掛勾，都讓文創商品有了最棒的展示姿態。對於合作的品牌，菁珮有非常嚴謹的篩選模式，從創作者的設計理念、使用的元素材料到與市場的契合度，層層面面都要考量完備，所以會出現在可萊歐的商品經過她的把關皆有一定的水準品質。

每種都想學的手作課程

織織人67號是很受外地遊客青睞的品牌，除了本身的知名度足夠，以織品設計為主打，產品包羅萬象，從服飾、包款、配件到居家用品皆備，店裡有一款深灰＋藍綠、桃紅＋黃綠的棉麻款質感圍裙就是織織人的手筆。陶製品則是店裡較多的品牌種類，除了「陶來福」以外，還有「陶引工房」、「卡樂陶」，都是由一群有想法的年輕女孩經營，卡樂陶偏向童趣，陶引工房著重生活化，陶來福更是天馬行空。

圖片提供／可萊歐小商行

1. 菁珮與家人們穿著織織人67號設計的棉麻款圍裙。
2. 以乾燥花創作成很棒的燈飾。

趣味玩意

就愛 ze 趣味

「就愛ze」就是台語很愛做的意思，在可萊歐也能買到「就愛 ze」一整套特製的高雄小吃專用湯匙產品，每支湯匙的造型各有特色。

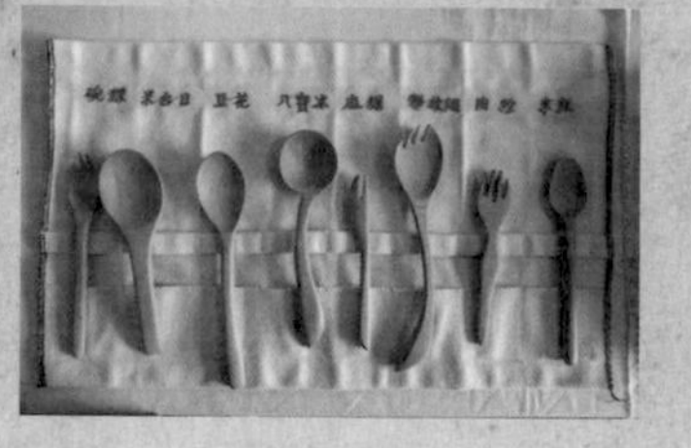

如果說包羅萬象的商品讓外地遊客挑花了眼，那麼每月固定舉辦的手作課程就是在地人的精神食糧了。菁珮很希望大家可以藉由手感，深度愛上手作品的美好，因此陸續推出手作木湯匙、皮革筆袋、乾燥小花束、陶藝夢想家、紙膠帶等課程，手作木湯匙由「就愛ze」木作品牌的老師帶領，從塑型、拋光到上油，讓學生親手打造一支屬於自己的木湯匙；比較特別的紙膠帶課程則是由著名插畫家薛臱兒示範，店裡有她創作的插畫卡片與明信片可供選購。鳳山的人文氣息其實很濃厚，從可萊歐開始，你能體會到這個城區的慢活味道。

info

- 高雄市鳳山區光遠路238巷10號（後門）
- （07）740-5832
- 週二、週四至週六13:00～18:00，週三13:00～20:00，不定期公休
- 手作木湯匙課程980元（含茶點與商品），手作皮革筆袋課程1480元（含茶點與商品）
- www.facebook.com/kelio.goods
- 走國道1號下高雄中正一路交流道，左轉往鳳山方向，左轉三多一路，接自由路、光遠路可達。或搭乘高雄捷運橘線至「大東站」，自1號出口出站即可達。

大東文化藝術中心

令在地人驕傲的美學天地

培育一座城市的美學涵養，有部分是透過漂亮的建築和精采的表演慢慢積累，港都高雄也不例外，這座臨海的城市近幾年出現了一棟棟令人讚嘆的建築作品。

鳳山是高雄的老城，數百年的發展至今能從古老城牆遺址看到過往的風華，這樣沉穩的底蘊不影響老城市邁向新都會的腳步，當然也包括了所有藝文以及文創種子的栽種，提到鳳山的藝文展演空間，位在光遠路上的大東文化藝術中心自然是令在地人驕傲的一處天地。

這個因為替換老舊的鳳山國父紀念館展演設施而招標的新方案，在張瑪龍+陳玉霖建築師事務所與荷蘭 de Architekten Cie 建築師事務所合作設計案勝出後，一處讓創意飛翔、美學升空的全新展演園區在二〇一二年的三月陸續開放，四棟塊狀展場以各種不同型態出現在鳳山人的眼中，演藝廳、藝術圖書館、展覽館、藝術教育中心，不同的空間給予市民不同的美學饗宴，連同戶外展區的設計，讓人羨慕身處其中的鳳山居民。

天馬行空的空間設計

大東文化藝術中心的設計獲獎無數，包括「二〇一二第十八屆建築園冶獎」的「高雄地區優質公共景觀」獎、「二〇一二台灣建築獎佳作」，這也是對設計團隊的一種肯定。而對於四方遊客來說，最驚嘆的莫過於這些充滿奇思妙想的角落，這處園區讓人第一眼就移不開目光的設計，絕對是一個個宛如熱氣球般的巨大漏斗棚頂，就像是即將升空的狀態，名為「薄膜屋頂」的這些漏斗承載著鳳山人對藝術創作的渴望，十一個載體，無數個夢想，這處戶外空間也同時具有展演的功能，不論是舞蹈、太極表演或戶外音樂會，在考量各種氣候因素之下，一樣能完整展現表演的精采度。

1. 名為「薄膜屋頂」的這些漏斗承載著鳳山人對藝術創作的渴望。
2. 藝術中心曾獲得2012台灣建築獎佳作。

展演廳是園區最主要的室內演出空間，設計師以清水模與橡木建材為主，構築了一處能容納超過八百個座位的廳堂，雲門舞團、高雄市交響樂團、英國評審團舞蹈大獎得主亞瑟・皮塔的演出都曾讓這裡璀璨發光；藝術圖書館是國內首座專門以藝術圖書為主題的圖書館，在此可以找到最完整的音樂、雕塑、繪畫、建築相關書目。戶外展區最受歡迎的地方就是在建築物左側的綠色草坪，日前展出蔡坤霖的作品「詩步領羊 Spring 羊」，一隻隻用玻璃纖維製作的白色綿羊隨意地現身在草坪上，讓人恍如置身高山牧場區，徜徉自在的天地之中。藝術中心不定期舉辦各種展演，想了解展期的資訊可以上官網查詢。

順遊景點

留存的傳統手藝

離大東文化藝術中心不遠處，有條被稱作「打鐵街」的巷弄，早期打鐵店熱鬧一時，現今僅存的幾間仍駐守在這，繼續為傳統手藝努力。

info

- 高雄市鳳山區光遠路161號
- （07）743-0011
- 圖書館開放時間為週二至週六10:00～21:00，週日10:00～17:00，週一及國定假日休館
- dadongcenter.khcc.gov.tw
- 走國道1號下高雄中正一路交流道，左轉往鳳山方向，左轉三多一路，接自由路、光遠路可達。或可搭乘高雄捷運橘線至「大東站」，自2號出口出站即可達。

十鼓橋糖文創園區

鼓樂文藝的臨場震撼

園區所在是以往糖廠的北區倉庫群，這裡占地約七公頃，最顯眼的地標就是數十公尺高的百年老煙囪，這座灰黑煙囪體冠以白色煙囪頂，全盛時期曾有四座這樣的設備，可見當年煉糖業的榮景。

1. 高大煙囪是園區的地標。
2. 紀念品店內可購買不同尺寸的圓鼓商品。

高雄糖廠曾擁有三千一百四十公頃的土地面積，簡單的數字好像無法領略一大片蔗田的壯闊，那麼以大安森林公園為單位面積換算，繁盛期的高雄糖廠等於有一百二十五個大安森林公園那般巨大，因此也可以想見必須負責製糖的橋頭糖廠得要有多大的範圍才能應付，即便是現在為了加入文創和休閒產業元素重新出發的橋頭糖廠，也就這麼區分了二個園區，一個是免費入園的橋頭糖廠園區，另一個就是與十鼓文創合作而規畫的十鼓橋糖文創園區了。

比起十鼓在台南仁德糖廠的面積，位在橋糖的十鼓文創較為好逛，大約二小時就能把基本的特色館場參觀完畢，但為了不走冤枉路，還是建議跟著導覽人員走固定動線，就算是自由行客人也擁有這樣的服務。

盡情體驗擊鼓快感

十鼓橋糖裡的館場設施包括有打擊教室、五行鼓博館、五分車鐵道時光長廊、清溪林製鼓廠以及戶外防空洞與各個餐廳、文創紀念品店等等，打擊教室有完整的鼓樂器提供，只要跟著導覽人員，每一位到訪的遊客都能親自試試，簡單來說只要用鼓棒敲擊邊鼓與鼓面就能完成一套有節奏感的樂曲，連三歲小兒都能輕鬆上手。

CASHIER

五分車鐵道時光長廊是進入園區第一眼就能看到的地方，這裡是由糖廠舊倉庫改建而成，園方特地保留載運甘蔗的五分車鐵軌遺跡，上面用透明玻璃加蓋形成一條很有藝文感的時光廊道，兩旁的舊倉庫現在已經被當作各種功能的廠館使用。這個廠區最有趣的地方之一就是名為「聽雨軒」的廁所，除了雨林般的綠色環境之外，廁所裡由一條水道貫穿，邊解放還能邊看魚兒優遊，非常好玩。

時光長廊還能看到國際藝術大師的裝置藝術作品，其中包括加拿大藝術家Robin Minard創作的「十鼓寂靜之音」，這是利用小型的壓電式揚聲器營造自然的聲響，十分值得聆聽。園區裡最不能錯過便屬十鼓擊樂團在煙囪水劇場的固定時段表演節目，這個集結了大水幕、烽火台、4D投影、奇幻水景舞台等設備的演出，每每讓觀者high翻天，充分感受鼓樂器所帶來的臨場震撼，原則上每天上午、下午各一場，如想知道表演的確切時間皆可電洽詢問。

美好味道

橋頭老街美食

來到這裡，當然不能錯過橋頭老街的在地美食，有黃家肉燥飯、在地人推薦的阿婆咖哩鮪魚羹等等，好吃到讓你想再回訪！

info

- 高雄市橋頭區糖廠路24號
- （07）611-9629
- 09:00～17:00
- 門票300元
- www.tendrum-cultrue.com.tw
- 搭乘高雄捷運紅線在「橋頭糖廠站」下車，步行約10分鐘可達。

打擊教室提供完整的鼓樂器讓遊客體驗。

紅毛港文化園區

穿梭四百年的歷史軌跡

二〇一二年，原本以高字塔藝術園區做規畫的場域，加入了天空步道與紅毛港聚落建築構件元素，一處富有歷史、建築與藝術特色的主題園區，就成爲高雄人假日最愛造訪的景點。

站在由台電運煤輸送帶改成的天空步道與園區觀景台，遊客可以有很好的角度欣賞紅毛港的全景，遠方臨海的貨櫃中心正忙碌地工作著，再看看腳下四棟依序排列的紅毛港聚落老屋遺址，很慶幸如今還能看到昔日紅毛港村莊的紅磚片瓦。

這座文化園區最大的目的是保留老聚落曾經在此刻劃的痕跡，四百年前荷蘭人在此留下足跡，之後聚落漸漸形成，捕魚了、養蝦了，很多人也在此落葉歸根了，根據資料，全盛時期這裡有多達近萬戶的人口，現今的一個個貨櫃或許就是過往一間間的老宅。

將過往回憶立體化

時代需要進步，高雄港需要地方開闢洲際貨櫃中心，因此紅毛港在二〇〇七年遷村，人走了，回憶卻依舊清晰，而紅毛港文化園區便是讓這些回憶立體化。園區占地約有三公頃，以不同的區塊規畫了六大主題路線，包括有高字塔旋轉餐廳、乘浪上港展示館、戶外展示區、天空步道、碼頭與候船室以及觀海平台。高字塔旋轉餐廳可以三百六十度全景域欣賞海景，也能品嘗新鮮海味和可口下午茶；乘浪上港展示館以圖文解說與科技化設備，非常清楚地解析了紅毛港村落的古往今來，其中還

以船頭模型搭配大螢幕，模擬了漁民們在海洋世界討生活的狀態。

在整個園區裡，最吸引遊客們的角落就是天空步道與戶外的聚落意象區，尤其是聚落意象區以老宅重整的概念，還原了紅毛港幾棟比較知名的百年老屋，包括海澄洪宅、金成發商號、秋冬中藥鋪與隴西李厝等等。這裡的老屋呈現跳脫以往復古的手法，藉由新打造的屋宅空間發揮創想，注入裝置藝術的元素。

創作者在金成發商號設計了想像之梯，於秋冬中藥鋪架了一座鞦韆，在擺盪之間與老屋故事對話。要看老屋建築的話，這一區域也用鋼材為骨架，把老宅的部分遺跡展現在戶外展場，在這裡可見海豐李厝的紅磚牆面、太原王厝的硓砧石建材，還有金成發的西洋街屋雕飾，每一種建材都能展現當時的造屋工法，也有助於了解數百年前的聚落文化。

1. 戶外的聚落意象區重現老宅風貌。
2. 聚落意象區把老宅的部分遺跡展現在戶外展場。
3. 乘浪上港展示館解析了紅毛港村落的古往今來。
4. 四百年前荷蘭人曾在此留下足跡。

精采亮點

搭遊艇賞海景

紅毛港提供往來於紅毛港文化園區和駁二特區專屬碼頭之間的「文化遊艇」服務，航行途中經過海軍軍港、遠洋漁港、遊艇建造專區和貨櫃專區，船班資訊可上官網查詢。

info

- 高雄市小港區南星路2808號
- （07）871-1815
- 週一至週五15:00～20:00，週六、日10:00～21:00，週三休園
- 門票99元
- hongmaogang.khcc.gov.tw
- 國道1號走到底，下高雄交流道，左轉中山四路（台17線），過小港國際機場，右轉沿海一路直行到二路，右轉中林路，右轉南星路可達。

Chapter 4

美味小吃

家的味道

總是勝過任一道珍饈佳肴，

有幾間默默矗立數十年的老店，

把家鄉的味道保留至今，

隨時等客人上門

一解鄉愁滋味。

樂卡咪長腳麵

傳統麵店飄香一甲子

一碗麵要好吃其實不用繁複的工序，只要麵Q，醬料或湯頭足，一樣可以屹立不搖六十年，樂卡咪就是如此，以最傳統不花俏的原味，鎖住老顧客們的脾胃。

樂卡咪聽起來拗口，用台語音譯就淺顯易懂多了，樂卡咪等於「ㄌㄜˋ ㄎㄚ」，也就是長腳的意思，這是第一代老闆的綽號，據說他是外省伯伯，因為長得高大才有了這樣的外號，對土生土長的鹽埕子弟來說，這是一間伴隨著成長與積累家鄉回憶的麵店。

現在的樂卡咪長腳麵有自己的店面，但是最早也僅僅是在大義攤販集中市場的一個攤位，其實距離不遠，就在現址的對面；而鹽埕國中就在附近，那時有不少調皮的國中生在第二節課肚子餓的時候總會翻牆過來買麵，老闆還會很貼心地將湯和麵分開避免口感過糊，這樣的故事聽起來年代久遠且令人莞爾，卻也點出了麵店可以傳承一甲子的原因。

麵店已經傳到了現任老闆陳先生手中，外省老伯的子孫沒有人要接手，於是手把手地教了陳先生直達水準才回故里。店裡的招牌是豬油拌乾麵，豬油是老闆每天現炸，還曾經因此燙傷入院一陣子，讓老客人哀怨不已。乾麵加了肉燥、油蔥與瘦肉片，看起來簡單清爽，吃起來卻驚為天人，除了豬油的香以外，麵條的彈Q與恰到好處的咬勁真讓人千年難忘。

點了乾麵老闆會附上一碗清湯，這可是熬燉豬大骨的菁華，老客人會選擇上午來吃麵，這時的湯頭最為清鮮。不怕辣的話，吃麵的時候一定要拌一勺店家的獨門辣椒醬，據說辣度沒被吐槽過，有興趣可以試試。

3 2 1

1. 麵店已經傳到了現任老闆陳先生手中。
2. 店裡的招牌是豬油拌乾麵，看起來簡單清爽。
3. 小菜必點的有粉肝、生腸、豬皮、米血。

info

- 高雄市鹽埕區新樂街75號
- （07）531-2343
- 06:30～19:00（一個月兩天不定休）
- 乾麵小碗40元、大碗45元，湯麵40元，豬舌湯30元，鴨腸湯20元
- 走國道1號下高雄中正一路交流道，右轉走中正一路到四路，左轉河東路，右轉五福四路，右轉大禮路，左轉新樂街可達。或搭乘高雄捷運橘線至「鹽埕埔站」，自3號出口步行約5分鐘可達。

美好味道

必點小菜

必點小菜有粉肝、生腸、豬皮、米血，尤其粉色生腸是向熟識的工廠訂貨，連著名法醫楊日松都吃過，搭配麵食也很對味。

郭家肉粽

主題故事帶你找回美味回憶

在高雄經營近六十年的郭家肉粽，常常有不少海內外團體造訪，除了想一嘗台灣粽的美味，還有更多人來這裡學學怎麼包粽子。而店內的懷舊主題設計，更猶如一篇寫給老鹽埕的情書……。

1. 第二代老闆郭明坤想傳遞郭家肉粽近一甲子的故事。
2. 肉粽故事館充滿懷舊設計。
3. 這裡的粽子有肉粽與菜粽二種，淋上店家特製油膏與花生粉就很好吃。
4. 郭家最早開始賣的其實是碗粿。

把自家的肉粽店規畫成主題故事館，是第二代老闆郭明坤的想法，他從父親郭海桐手中接過經營棒子，除了傳承之外，更想把郭家肉粽近一甲子的時光故事告訴每一個人，讓大家在品嘗粽子的同時，也能知曉高雄鹽埕區繁華的過去。

郭家肉粽一開始賣的是碗粿，後來才加入肉粽，沒想到受歡迎的程度趕過了碗粿，成為主打招牌美食。初期的郭家肉粽沒有店面，全靠郭海桐夫婦用攤車叫賣，養活了一大家子；那時攤車主要輾轉在北斗街與新興街地區遊動，最大的原因還是這裡當時開了多達五家戲院，包括老一輩高雄人印象深刻的大舞台戲院，有人潮在這裡看電影、聽歌仔戲，自然也帶來了消費能力，加上附近就是高雄的碼頭，也吸引不少工人族群。

重回鹽埕埔老時光

肉粽故事館是郭明坤在二〇一四年規畫成立，他想讓來吃肉粽的客人也能回味五十、六〇年代的老高雄樣貌，所以在一、二樓用壁畫呈現那時的鹽埕埔，尤其是在二樓，擺放了不少復古文物，不管是黃包車、舊電影海報、木頭電線桿，甚至還有一台退役的電影放映機器，在這裡可以看到幾十年前的老高雄樣貌，引起了年輕人

郭
肉粽故事館

的好奇也帶動了老一輩人的回憶，其中最顯眼的就是一整片牆面的大舞台戲院壁畫，栩栩如生，讓人猶如置身在那個繁華的年代。

大舞台壁畫一旁就是包粽教學區，對於教人家包粽子這件事，郭明坤有說不完的故事，他很想把台灣的老時光透過包粽教學分享給每一位來客，讓台灣小吃不再僅僅是味蕾上的體驗，而是有更多關於在地的溫馨回憶。

不久前就有一團日本高中生在郭家肉粽的二樓故事館裡，好好地體驗了一回親手包粽的樂趣。

郭家的粽子有肉粽與土豆粽二種。肉粽內包肥瘦參半的前腿豬肉以及鹹蛋黃；俗稱「菜粽」的土豆粽也很受老人家喜愛，淋上店家特製油膏與花生粉，口味非常彈Q，祕訣在於使用煮粽壓力鍋。當然，要體驗很高雄的吃法就得加幾勺蒜汁才道地。

美好味道

搭配湯品

這裡的豬腳湯每日新鮮現煮，豬腳燉得軟爛，切成適合入口的小尺寸，讓這道湯品成為必點菜單。此外，四神湯也是經典的好味道。

info

- 高雄市鹽埕區北斗街19號
- （07）551-2747
- 07:00～23:00
- 碗粿、肉粽、土豆粽30元、四神湯25元，豬腳湯50元，清湯10元
- 走國道1號下高雄中正一路交流道，右轉走中正一路到四路，過愛河後右轉接大公路，右轉接七賢路，左轉接北斗街可達。

1. 二樓擺放了不少復古文物，包括黃包車、舊電影海報、木頭電線桿等。
2. 郭家的粽子好吃祕訣在於使用壓力鍋煮粽。

3 2 1
4

1. 撇開分店爭議，只要適合自己口味的就是好店。
2. 牛肉麵湯頭偏向清燉帶出肉質的甘美，彈Q麵條也讓客人難以忘懷。
3. 牛肉麵選用半筋半肉的牛肉，吃起來Q彈滑嫩。
4. 在地人多選擇光顧大成街的老店。

港園牛肉麵

紓解鄉愁的好味道

每個人心目中都有不可替代的牛肉麵滋味，對於高雄在地人或離鄉遊子，港園煮出來的牛肉麵不僅僅是好吃，還有一種家的味道，一口麵、一口湯頭，只要吃下肚，鄉愁也跟著煙消雲散。

提到高雄的牛肉麵，在地人各有自己的私房名單，但不管如何，在高雄開店超過六十年的港園牛肉麵無疑是一間可讓一家三代都上癮的老字號麵館。提到港園一般人多半想起二〇一四年發生的店名侵權事件，這又是一樁家族的內部糾紛，其實對於老客人來說，要論習慣的口味還是會選擇位在大成街的老店。

店家一如既往地保持著簡單、樸實的門面，每到用餐時間一樣賓客盈門，近年也因為媒體的報導吸引不少外地觀光客。港園老店的招牌因為有蔣經國先生與林青霞等名人加持效應，知名度持續不墜，但探究真正的原因還是在於老店對於招牌牛肉麵的烹調手法，偏向清燉的湯頭帶出了肉質的甘美，麵條的彈口也讓每一位嘗過的客人難以忘懷。

這裡的牛肉選用澳洲牛，半筋半肉的質地，料理得剛剛好，在滑嫩之餘還有Q彈的韻味。店裡座位不多，左側是料理的大廚房，透過中間的通道門可以看到一鍋鍋正在熱煮的牛肉，那飄出的香味總是勾得人口水直流。店內的招牌就屬牛肉拌麵與牛肉湯麵，不吃牛的客人則可以選擇豬腳麵，也是非常經典的美味。

info

- 高雄市鹽埕區大成街55號
- （07）561-3842
- 10:30～20:00
- 牛肉拌麵、湯麵110元，豬腳60元，滷味80元起
- 走國道1號下高雄中正一路交流道，右轉走中正一路到四路，左轉河東路，右轉五福四路，左轉大成街可達。或搭乘高雄捷運橘線至「鹽埕埔站」，自1號出口步行約8分鐘可達。

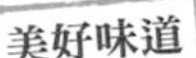

道地吃法

這裡的辣椒醬是獨門特調，老客人一定不忘加上一兩勺提味，更道地的吃法會再添上一些蒜泥，滋味嗆辣、甘美齊發。

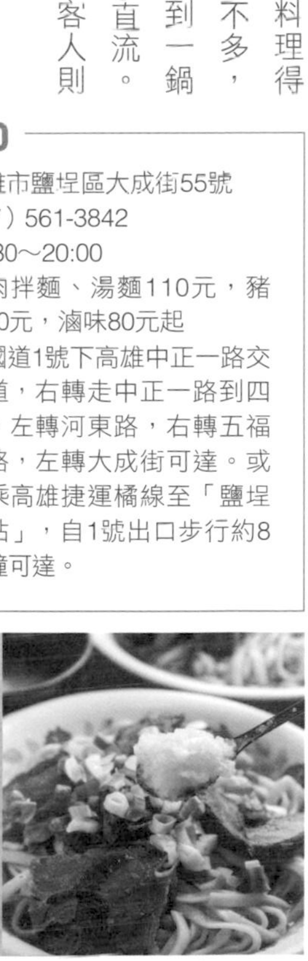

李家圓仔湯

古早味的平民美食

東西要好吃，不用賣多，即便只有幾樣，只要用料扎實，一樣能長銷數十年，李家圓仔湯就是鹽埕在地人很愛推薦的古早味甜品。

1. 湯圓都是老闆夫婦現做現煮。
2. 店裡的人氣招牌八寶冰。
3. 紅豆湯底配湯圓也是老客人的最愛。

高雄的四季變化不明顯，即便在冬天，仍舊可以遇見穿著汗衫、T恤、夾腳拖的行人在大馬路上閒逛，所以看到高雄人在冬天裡點一碗八寶冰狂吃也就不稀奇了。提到吃冰，在地的男女老少都知道要推薦來客去崛江商場附近的李家圓仔湯過過癮，店裡一年四季都有冰可以吃，冬季則會多一些紅豆湯、花生湯、圓仔湯等熱食，也是不可錯過的選項。

李家圓仔湯是高雄的老字號店家，現在已經傳到第二代，因為湯圓都是新鮮現做，不管是搭配冰品還是甜湯配料，都能保有湯圓的彈牙咬勁，難怪可以作為主打商品熱賣五十多年。店裡的人氣招牌自然是八寶冰，除了基本的小湯圓，還有小紅豆、綠豆以及芋頭、薏仁等等，店家都是以真材實料熬煮，紅豆香甜軟嫩、芋頭綿密細緻，是天氣酷熱時候的一帖消暑涼劑。

熱食甜品則是寒冬裡取暖的佳肴，攤台上兩鍋總是準備好的紅豆湯與花生湯是老客人的最愛，基本款是紅豆湯底配湯圓，也有人鍾愛以花生湯配湯圓的吃法，各有各的好，只要胃口夠大、嘴夠饞，所有選項全叫上一碗也不會破產，五十元銅板有找的平民美食，只等待饕客們的青睞。

info

- 高雄市鹽埕區五福四路234號
- （07）521-1418
- 12:00～22:30，週一公休
- 八寶冰、紅豆、花生、圓仔湯各35元
- 走國道1號下高雄中正一路交流道，右轉走中正一路到四路，左轉大勇路，右轉五福四路可達。或搭乘高雄捷運橘線至「鹽埕埔站」，自1號出口步行約3分鐘可達。

精采亮點

新鮮現做的手工湯圓

老闆李建忠夫婦有空檔就會在一旁做起手工湯圓，新鮮現做的品質口感，也正是數十年來持續擄獲客人味蕾的原因之一。

大ㄎㄡ胖炭烤三明治

古法炭火烘烤的美味

獨家調製的美乃滋醬料、手工烘烤的焦香吐司，搭配自家熬煮的古早味紅茶與豆漿，希望讓客人吃得健康、滿足，也使他們屹立不搖數十年，繼續烘烤出美味。

機器烤出來的吐司與炭火烘烤的味道一不一樣？或許每個人都有自己的答案，不過開店超過五十年的大ㄎㄡ胖炭烤三明治絕對只有一個答案，那就是炭火烘烤的方式無疑是更香脆的。

大ㄎㄡ胖炭烤三明治是高雄的老字號店家，老闆李先生一開始只在大智市場擺攤，賣的就是吐司夾蛋，那時多少會先做好幾份擺放著賣，後來發覺還是現點現做比較新鮮，於是創業開店後便改成這種方式，並且捨棄機器電烤，以炭爐現場烘烤，帶了點炭香味道的三明治口感更棒，也吸引更多客人捧場，奠定了大ㄎㄡ胖在高雄的地位，所以即便現在高雄已經有不少店家也開始用碳爐烤吐司，在地人還是習慣到這裡品嘗古早味。

老店生意一直都很好，因此例假日的時候還會出現要抽號碼牌的熱鬧景象，想嘗鮮的遊客記得避開早上八點到十點的熱門時段。店裡的主打是招牌三明治、肉鬆三明治兩種，前者的餡料包括火腿、黃瓜、蛋，後者則多了肉鬆，豪華一點的話再加點一片起司，這樣一份也不過四十五元而已，大ㄎ又胖炭烤三明治的產品雖然不多，但每一樣都是用心製作，有機會到高雄記得嘗嘗。

1. 招牌三明治餡料包括火腿、黃瓜、蛋。
2. 用炭火烤的三明治帶有一絲炭香味。
3. 排隊人潮讓製作餐台總是忙碌。

美好味道

好吃的祕訣

大ㄎ又胖的三明治祕訣不在於爐火炭烤，而是獨門的美乃滋調醬，單純的沙拉油與蛋液組合，在厲害的人手裡就是能成為香滑甜蜜的抹醬。

info

- 高雄市鹽埕區大公路78號
- （07）561-0262
- 07:00～11:00、18:00～23:00
- 招牌三明治35元、肉鬆三明治40元，另加起司片10元，豆漿鮮奶、鮮奶茶20元起，紅茶豆漿15元起
- 走國道1號下高雄中正一路交流道，右轉走中正一路到四路，過愛河後又轉接大公路可達。或搭乘高雄捷運橘線至「鹽埕埔站」，自2號出口步行約5分鐘可達。

老李排骨酥湯

人情味好湯熱熱喝

一碗永遠冒著蒸騰熱氣的排骨酥湯，讓老高雄人四十多年來就這麼上癮，遊子回鄉、探親訪友不一定都上館子解決，有時候一碗五十元有找的人情味好湯更吸引人。

在新興市場經營幾十年，老李排骨酥湯已經傳到了第二代李啟同身上，第一代老闆李福壽從基隆到高雄做吃食攤子，原本只是單純賣潤餅，後來客人要配碗湯，他便搭了碗排骨酥湯，沒想到肉湯太好喝，反客為主成為攤子的主打，後來便以排骨酥湯為招牌，成為高雄人的美食口袋名單特選。

老李排骨酥湯之所以受歡迎，在於挑選品質好的小排，用自家獨門醬粉如胡椒、糖與鹽等混合調味，撒上地瓜粉後用雙手拌勻，再用一百八十度高溫油炸，成了外表金黃焦脆，口感彈嫩扎實的排骨酥塊，在地人都選擇外帶，甚至有遠從馬來西亞、日本的客人來指名購買。

熱門的排骨酥湯是用每日現炸的排骨酥塊搭配新鮮

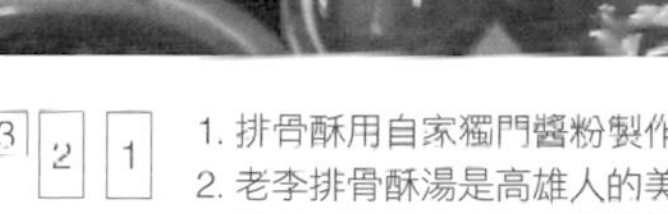

1. 排骨酥用自家獨門醬粉製作，香氣十足。
2. 老李排骨酥湯是高雄人的美食口袋名單特選。
3. 排骨酥湯是用每日現炸的排骨酥塊搭配新鮮冬瓜一起進蒸籠蒸煮。

冬瓜一起進蒸籠蒸煮，出籠的湯水不僅香甜可口，冬瓜軟嫩，排骨酥也成為軟糯米香的美味，這道湯品的最佳賞味時刻就是在剛出籠的時候，這也是第一代老闆對於湯品的堅持，好湯得要熱熱喝才對味。麵食是第二代接手後才加入的菜色，乾麵淋的醬料跟油飯一樣，口感也很棒，是到高雄旅遊時值得放入美味小吃地圖的一站。

info

- 高雄市新興區大同一路149號
- 0932-742401
- 10:00～22:00，週四公休
- 排骨酥湯50元、油飯30元，排骨麵80元，排骨酥一斤250元，乾麵40元
- 走國道1號下高雄中正一路交流道，右轉走中正一路到三路，左轉林森一路，右轉大同一路可達。或搭乘高雄捷運紅線至「美麗島站」，自3號出口步行約4分鐘可達。

美好味道

喝湯配飯基本款

店裡最多人點的就是油飯，店家用了半生米、半糯米混合蒸煮，口感特別香Q，飯上淋了用排骨酥肉末、豬絞肉、紅蔥頭酥製成的醬汁，油香滋味與排骨酥湯真是絕配。

老江紅茶牛奶

讓人執著的紅茶與牛奶

鍾情於古早味，有時候也是一種執著，很多人執著於這家開了六十幾年的老店，眞要說原因好像也沒辦法列出來，只能佩服老江可以讓紅茶與牛奶融合地這麼棒，喝了，就再也忘不掉。

很難去界定老江紅茶牛奶這家店的屬性，說是早餐店嗎？其實也有人來帶一份飲料與蛋糕、麻糬等復古點心回去度過下午茶時光，對於高雄人來說，老江是哪一種類型的店真的不那麼重要，他們只想嘴饞時能咬上一口夾了半熟蛋、嘗起來酥脆的火腿蛋吐司，或者在熱到快脫皮的夏季裡，暢飲一大杯在地人都推薦的古早味紅茶牛奶。

老江紅茶牛奶是由江家的三個兄弟於一九五三年開始經營，最初是二十四小時營業，江漢源、江茂庚、江漢森三個人輪流各占八小時，以紅茶、紅茶牛奶以及綠豆汁打下一片天，養活了三個家庭，闖出了口碑，現在已經是高雄人吃早餐、嘗下午茶甚至是宵夜止飢的好地方。老江的紅茶選用四種茶葉調製熬煮，為了保持茶汁原味，寧可用冰鎮桶靜置三小時達到透涼也不加冰塊，而人氣飲料紅茶牛奶則是這款古味紅茶加牧高農場的純鮮奶，以獨家比例調和，讓兩種味道都能各擅其長，不奪了彼此的絕妙風味。

點一杯紅茶牛奶就要搭人氣吐司或蛋餅，店裡的招牌商品火腿蛋吐司，是第二代接手後才開發的產品，吐司之所以受歡迎在於加了胡椒與半熟煎蛋，酥軟滑嫩一入口，那滋味只有嘗過才知道，因為是固定調味口感，需要熟蛋或不加胡椒的客人要記得事先聲明。想要嘗嘗高雄一甲子的好味道，點杯他們家的紅茶牛奶吧。

3 2 1

1. 老江的紅茶選用四種茶葉調製熬煮。
2. 紅茶牛奶是以牧高農場的純鮮奶加古味紅茶獨家比例調和。
3. 老江紅茶牛奶是由江家三兄弟經營。

美好味道

必買點心

點心櫥裡的蛋糕或甜點也是必買的暢銷品，手工麻糬和紅豆沙內餡的香蕉蛋糕都非常受歡迎！

info

- 高雄市新興區南台路51號
- （07）287-7317
- 06:30～隔日02:00
- 紅茶牛奶每杯40元、綠豆汁30元，吐司類35元起，蛋餅類30元起，紅茶每瓶85元（1350c.c.），紅茶牛奶每瓶120元（1350c.c.）
- www.laochiang.com
- 走國道1號下高雄中正一路交流道，右轉走中正一路到四路，右轉南台路可達。或搭乘高雄捷運紅線至「美麗島站」，自1號出口步行約2分鐘可達。

無名綠豆湯薏仁湯

真材實料的好手藝

賣了一甲子的綠豆湯，靠的是第一代許老先生獨門的熬煮方式，真材實料的堅持和平價的優勢，這間綠豆湯老店毋須招牌，只靠老客人的口碑，就能吸引源源不絕的八方吃客。

部分老高雄人消暑的方法不是吃冰，而是點一碗綠豆湯就能解決，因此高雄市街上總能看到不少掛著綠豆湯的招牌，吸引客人到店裡坐坐，而在主要賣綠豆湯的眾多店家裡，許經海的品牌最為在地人熟知，早期從擺攤開始，他帶著兩個兒子、媳婦一起經營下來，走過五、六十年的歲月，不過後來也走向各據一方分家的結果，每家店都有許老先生親傳的煮豆功夫，而比較靠近高雄地方法院旁的這家無名綠豆湯、薏仁湯，也擁有不少支持者。

許家的綠豆湯之所以受歡迎在於熬煮時用了特殊的桶子與方式，水與綠豆要保持齊平以避免綠豆之間翻滾碰撞而破壞外殼，也因此過程費工，得時刻盯著，需要大約二小時的時間。費心熬煮的綠豆湯除了賣相好，口感自然也很棒，綿密細緻且不會太過黏糊，甜度剛剛好。

薏仁湯則是店內的主角之二，米白色的甜湯與一顆顆飽滿的薏仁尤其深受女士們的喜愛，這也是老闆花了幾個小時悶鍋熬煮的成效，消暑的作用不輸綠豆湯。高雄人習慣吃一碗綠豆湯，再外帶幾瓶罐裝的綠豆湯，也有不加綠豆顆粒的湯水，可以看每個人的需求購買。

1. 費心熬煮的綠豆湯除了賣相好，口感也很棒。
2. 店裡的綠豆湯之所以受歡迎在於熬煮時用了特殊的桶子與方式。
3. 攤車前的位子是老客人的最愛。
4. 薏仁湯是老闆花費數個小時悶鍋熬煮而成。

info

- 高雄市前金區成功一路449-1號
- （07）201-9738
- 08:00～22:00，週日公休
- 綠豆湯、薏仁湯25元，紅茶、冬瓜茶20元，罐裝45元，紅豆湯35元
- 走國道1號下高雄中正一路交流道，右轉走中正一路到四路，左轉大成功一路可達。或搭乘高雄捷運橘線至「市議會站」，自2號出口步行約3分鐘可達。

美好味道

一年四季都好吃

除了必吃的綠豆湯和薏仁湯，古早味紅茶和冬瓜茶也是店裡的熱門飲料，冬天還有紅豆湯與湯圓，有冷有熱可選擇。

阿綿麻糬

絕對安心的古早味麻糬

回到最初開始起步的地方，二〇一六年的年初大溝頂的店面被重新翻修，這一次阿綿麻糬用散發人文氣息的老地磚、原木拼接牆面空間，繼續爲大家提供不變的用心美味。

永遠散發著沉靜味道的高雄鹽埕老區大溝頂，是許多在地人兒時遊逛、吃小吃的地方，幽幽巷弄中坐落幾間小店，其中也包括阿綿麻糬，與其他傳統店面風格不同，阿綿麻糬二坪大的空間因為注入文創元素，呈現讓人耳目一新的舒適感，用多種材質木面打造的原木牆營造了質樸的氛圍，二張木長凳是讓客人們等待休憩的區域，坐在椅凳上看著左右長巷穿梭過的人群，時間好似凍結在這方角落，安靜而悠遠。

在阿綿起起落落的人生經歷中，她以真善美的樂觀力量來面對世界，這樣精神自然也運用在她製作的產品上。阿綿麻糬的主人唐翊綿擁有餐飲科背景，她用手作麻糬開始自己的第二段人生，從大溝頂城隍廟的攤位，輾轉到劉家火鍋店附近繼續擺攤，即便辛苦，她也沒有放棄用最好的食材與誠信，捏出一顆顆沒有防腐劑且絕對安心的台灣麻糬，當大家都在質疑食安問題的把關尺度時，她已經深受老客人的信賴而訂單不斷了。

季節限定的水果大福

有了新門面的阿綿麻糬吸引了更多的買客，店裡不時可以聽到港腔的普通話、日文以及韓語，而海外遊客之所以這麼喜愛這裡的原因在於店內的麻糬口味實在多，

2 1
4 3

1. 奶酪口味多元，也是店裡的熱門點心。
2. 二坪大的空間注入文創元素後，讓人耳目一新。
3. 麻糬最招牌的口味自然是紅豆內餡。
4. 客人可坐在板凳上慢慢品嘗麻糬的好口感。

口感也實在好。除了麻糬以外，阿綿也賣大福、奶酪和米點心，麻糬最招牌的口味自然是紅豆內餡，外皮選用池上好米，紅豆來自萬丹產地，每天都由阿綿親手熬煮製作，為的就是能讓客人也吃到她記憶中的家鄉味；其他還有芋頭、芝麻、花生以及抹茶口味。

大福是店內另一項很受歡迎的甜品，因內餡使用當季食材，推出了不少季節限定款，像是熱門的草莓紅豆大福只能在冬天吃到，春天有哈蜜瓜口味，夏天則是奇異果上場，比較特別的蜜橘紅豆餡是阿綿的創意，這款也只在冬天出現。別看這些水果食材在台灣常見，由於對自家產品的嚴苛要求讓鮮果折損率非常高，一箱草莓採買之後能作為大福餡料的頂多三分之二，賣相不好、酸甜度不佳可都會被捨棄。

1. 這裡的商品都是新鮮手作。
2. 草莓抹茶大福也很受歡迎。

info

- 高雄市鹽埕區新樂街198-27號
- （07）531-9177、0982-255796
- 週一至週五11:00～19:00、週六、日10:30～19:00，夏季時週三公休
- 紅豆麻糬25元、紫米貝殼55元、紅豆QQ35元、草莓紅豆大福60元、手作奶酪55元起
- www.a-main.com.tw
- 走國道1號下高雄中正一路交流道，右轉走中正一路到四路，直行接大公路，左轉七賢三路，右轉大仁路，右轉151巷可達。或搭乘高雄捷運橘線至「鹽埕埔站」，自3號出口步行約3分鐘可達。

美好味道

主打的可愛點心

與紅豆QQ同屬於米點心的紫米貝殼使用手工芋泥壓模成形，花東縱谷栽種的紫糯米與越光米以及員林出產的龍眼乾製成餡料，包夾在貝殼內口感綿密細緻。

興隆居

賣爆汁湯包的排隊早餐店

招牌上明顯寫著湯包與燒餅，昭告了這家六十多年老店的主賣商品，興隆居用扎實的作工與食材征服高雄人的胃，不用靠觀光客打口碑，老高雄人一人一句讚語，就能讓他們揚名海內外。

排隊，在興隆居是很正常的現象，正常到連在地人要買個湯包、燒餅油條也能很優閒地跟前後的客人聊起天來，這種沒有火氣的和諧畫面，對比櫃台後忙得火熱的工作群還挺有趣的。

興隆居是高雄很知名的老店，從一九五四年開始營業以來，就以湯包、燒餅作為主打，幾十年過去，湯包魅力依舊，小到三歲孩童，大到八十歲老爺爺，沒有不被這咬一口就爆漿流汁的白嫩嫩包子給收服的。招牌湯包之所以被如此推崇的原因，在於店家以老麵混合新麵，揉製麵團後做成外皮，內餡則是採用溫體豬絞肉與高山高麗菜作為食材，混合在用大骨與十多種蔬果製成的湯汁攪拌，這種搭配讓湯包擁有肉菜綜合的甘味與鮮甜，難怪可以穩占鎮店之寶數十年。

湯包與燒餅魅力十足

店家很貼心地將吃湯包的正確方式置放在桌面上，總是希望客人能嘗到最完美的鮮味包子。湯包的尺寸約有拳頭大小，拿在手上時先從邊緣咬一小口，可以體會麵皮的咬勁，接著依照個人嗜辣程度沾點店家的獨門辣椒醬，然後豪氣地咬上一口，那種混合著高麗菜脆甜與豬肉油香又配著辣椒的爽度，只有親自嘗過才能感受。

若說湯包是興隆居的主打商品，那麼燒餅也是當仁不讓的熱門選項，對於燒餅的製作，興隆居也如同對待湯包般那樣精細，因為老闆娘曾是陶藝工作者，對待自己的「作品」不管是吃食還是陶藝品，都有百分百的龜毛要求，所以燒餅的麵團製作得看不同的氣候與溫度隨時進行調整，這樣的堅持下，興隆居的燒餅多達三十多層，用自家炒的油酥做出來的燒餅皮不僅香酥而且爽脆，點購率非常高。

興隆居的燒餅口味非常多元，除了傳統的燒餅夾油條或蔥蛋之外，還有包夾了苜蓿芽、水蜜桃、蘋果、小黃瓜、番茄、芭樂各式生菜水果，很符合時下的養生健康概念，另外也有夾酸菜、花生糖粉和香菜的選項，酸甜並存，口味獨特。

4 3 1 2

1. 興隆居用扎實作工與食材征服高雄人的胃。
2. 燒餅油條加蛋是必點的選項。
3. 燒餅也是這裡的人氣商品。
4. 因為太受歡迎，買燒餅跟湯包得分二列排隊。

info

- 高雄市前金區六合二路184號
- （07）261-6787
- 03:30～11:00
- 湯包15元、原味燒餅12元，燒餅油條／蔥蛋22元，燒餅生菜30元，鹹豆漿20元，杏仁糙米漿25元，饅頭12元起，酥餅15元
- www.xinglongju.com
- 走國道1號下高雄中正一路交流道，右轉走中正一路到四路，右轉中華三路，左轉六合二路可達。或搭乘高雄捷運橘線至「市議會站」，自1號出口步行約2分鐘。

美好味道

豆漿與湯包燒餅絕配

興隆居的豆漿用古法製作，口感香醇，除了原味豆漿以外，杏仁糙米漿是用米與杏仁磨成米漿熬煮，香氣濃郁。

1. 現場燒烤的肉片保留食材的原汁原味。
2. 在地人推薦滷蛋與貢丸兩樣小菜。
3. 老牌周燒肉飯總店位在三民市場內。
4. 獨門的調醬是燒肉好吃的原因。

老牌周燒肉飯三民總店

現烤碳香，汁多味美

燒肉，其實就是碳烤豬肉，這個在北部習慣搭配吐司的食物，卻是高雄人餐桌上的主食，一碗燒肉飯配醃黃瓜與嫩薑，便是在地人理所當然的吃法。

滷肉飯是北部人的兒時記憶，中部人則是爌肉飯，而高雄人呢，絕對不用懷疑就是燒肉飯。仔細問高雄人，他們也說不清楚何時開始習慣了燒肉飯這一道小吃的出現，如同現在很流行的鴨肉飯，何必探究這些美食的來歷與原因呢，覺得好吃一直捧場就對了。

高雄的燒肉飯分店不少，簡單來說可以分成二個體系，一個是黃底招牌的鳳山店家，一個是黃色招牌的三民區店家，不同老闆，但各有各的擁護者，都叫老牌周，主打的當然是燒肉飯。三民區的周燒肉飯總店位在三民市場內，開店時間也相當久，一九七一年就已經存在，客群除了逛市場的婆婆媽媽之外，也是年輕人與外地遊客果腹的選擇之一。

四十五年的老店不用太花俏的裝潢，抓住客人脾胃的是烤爐區永遠香噴噴的碳烤肉片，三民總店的燒肉吃起來甜鹹

味並存，肥瘦肉大約三七比例，讓肉片口感不至於過柴，獨門的調醬就是燒肉之所以好吃的原因，搭配香Q的米飯以及解膩的醃黃瓜與嫩薑，就是完美的組合，到了高雄非吃不可。

info

- 高雄市三民區三民街152號
- （07）741-1257
- 09:00～21:30
- 燒肉飯小碗35元、中碗60元，肉燥飯20元，滷蛋10元，貢丸5元，味噌湯15元
- 走國道1號下高雄中正一路交流道，右轉走中正一路到四路，右轉中華三路，左轉三民街可達。

美好味道

配飯的好夥伴

老牌周還有肉燥飯、魯肉飯，在地人還推薦滷蛋與貢丸，這都是長時間滷煮的好料，搭配的湯品中味噌湯CP值高，料多價格便宜。

海青王家燒餅

包著家常菜與黑輪的眷村燒餅

每個地方的吃食都帶有在地的文化特色，透過這些美味，也可以了解一些有意思的故事，位在左營的海青王家燒餅，就是用香酥可口的招牌燒餅擄獲了青年學子與在地居民的心。

1. 燒餅吃起來香酥爽脆。
2. 總匯燒餅除了煎蛋、小菜，還多了一片甜不辣。
3. 這裡的燒餅都是當天現場製作烘烤。

因左營自強新村拆撤的規畫，讓過往以家為店面的海青王家燒餅在二〇一三年前遷到了左營大路上，雖然少了一些機會欣賞矮牆紅門的眷村風光，但是不影響已經上癮的眾多食客們轉移陣地的「堅強支持」，搬遷之初還有不少老客人與網友奔相走告，相互提醒王家燒餅喬遷的訊息，深怕眾人找不到這一款美味小吃。

王家燒餅之所以讓人念念不忘，自然是百吃不厭的燒餅套餐，手工製作的現烤燒餅搭配風味獨特的餡料，難怪高雄人一直熱情捧場，廣為宣傳，平日這裡的客源是海青商工的學生與左營居民，假日就是蜂擁而來的觀光客，人手一袋，一到手就津津有味地吃了起來。

現在的王家燒餅由第二代老闆王涵儒夫婦一起經營，燒餅的烤製還是由王涵儒親自操持，不管冬夏，都能看到他在店裡烤爐周邊的忙碌身影，一會兒揉麵團，一會兒讓餅皮進烤箱，身手相當矯健，空閒的時候他也會跟老客人聊個天，個性非常爽朗，很符合山東大漢的海派。

香酥咬勁讓人愈吃愈上癮

「我父親在老家時就是以製作燒餅為營生，到了台灣也用這個手藝養活了家人，那時只做一般口味的燒餅，

不像傳統夾油條的吃法，最主要還是希望客人少吃些油炸食品。」因此王家的燒餅以前頂多賣個原味或夾紅豆餡，後來會出現以菜圃、豆干、酸菜、醃黃瓜的餡料是第一代老闆的靈光一現，因為想創新，於是用南方人慣食的清粥小菜配菜做成燒餅的內餡，沒想到風味獨特，就這麼傳承了下來，而吃客們最愛的甜不辣（黑輪）餡料則是王涵儒的創意想法。

甜不辣是王涵儒小時候很難吃到的點心，因為少見所以價格不便宜，叫賣小攤經過時都會勾引起他的食慾，偏偏難得吃上一片，長大後讓他彌補了這樣的遺憾，特別把甜不辣加進餡餅的作料裡，烤得油香的甜不辣與每天現炒的家常小菜，讓王家燒餅打出了知名度，那種咬一口就同時能吃到香酥、咬勁與咔滋風味的感受，就是王家燒餅讓人上癮的祕訣，左營人沒幾天就會買上一份解解饞。

info

- 高雄市左營區左營大路2-43號
- （07）581-3491
- 05:30～11:30
- 燒餅夾蛋17元、招牌燒餅27元，總匯燒餅32元，原味燒餅12元
- 走國道1號於高雄鼎金系統交流道轉接國道10號右轉往左營方向，下左營交流道，接台17線，右轉勝利路，右轉城峰路，右轉左營大路可達。

美好味道

多種口味選擇

店裡的燒餅套餐視餡料不同而區別，招牌燒餅內夾有煎蛋、小菜，總匯燒餅多了一片甜不辣，另外還有紅豆餡餅與豬肉韭菜餡餅可以選擇。

1. 不採用傳統的夾油條吃法，最主要還是希望客人少吃油炸食品。
2. 所有小菜和餡料都是當天現炒。
3. 甜不辣是燒餅好吃的關鍵之一。
4. 精簡小巧的店面。

左營原味手工饅頭

在地人最愛的扎實口味

要吃到最對味的在地小吃，最好的方法就是蒐羅本地人的私房口袋名單，而原味手工饅頭就是在一群眷村媽媽的推薦下，成爲高雄小吃的名單之一。

高雄左營是眾所周知的眷村大區，這裡有不少傳統美味，其中就包括了讓人念念不忘的饅頭、包子，眷村人愛吃麵食，左營大路這一帶在全盛時期據說有超過十家以上的包子饅頭店。

在幾家老店的環伺下，原味手工饅頭資歷雖然不是最深，但也在左營競爭激烈的麵食點心店裡占有一席之地，推薦者主要是喜歡包子饅頭富彈性的口感，還有內餡的眾多選擇，連麻婆豆腐都能當包子內餡，可以想見這裡賣的美味也很有創意風格了。

1. 喜歡研發新口味的老闆還設計了黑糖、五穀、巧克力、白甜與南瓜口味。
2. 不同形狀的包子代表不同的內餡。

原味手工饅頭的老闆王賢懿是很豪爽大氣的山東仔，提到自家的產品有滿滿的驕傲，對於做饅頭包子他有自己的一套標準，當傳統店家強調以老麵為基礎製作時，他選擇用新鮮的活酵母養菌種，兩種作法各有特色，前者多了點酒香，而新鮮酵母做出來的麵團有更加濃郁的天然麵麥香。

花力氣和誠意做出的好味道

做吃食最要求製作環境，原味手工饅頭店裡開放的作業環境讓人一目了然，乾淨整潔的工作台與大型蒸籠就擺在店頭，客人可以看到老闆跟工作人員使勁兒揉捏麵團的過程，基本都要經過麵團取粗胚後捏成形，再來才進入蒸籠的階段，這些花力氣與誠意做出的包子饅頭自然香Q可口了。

招牌上簡單標示的「饅頭」二字可不代表店裡只有饅頭，喜歡研發新口味的老闆除了原味的山東饅頭之外，還添入了黑糖、五穀、巧克力、白甜與南瓜口味，製作黑糖饅頭用的是台灣的黑糖，五穀養生饅頭多加了顆紅棗點綴，白甜口味用二砂提了甜度，而光看起來就很讓人流口水的巧克力饅頭則是用可可粉去製作，滋味非常香醇。

包子的部分更讓人驚嘆了，除了眾多饕客們大推的麻婆豆腐鹹味包子之外，另有季節限定的蘿蔔櫻子內餡包子，這款少見的口味也是老闆很自豪的創意，吃起來類似雪裡紅又多了一分爽脆，更能展現包子的口感，其他口味還有黃豆芽菜包、四季豆肉包、韮菜包、豆沙包及芝麻花生牛奶包等，每一種都值得細細品嘗。

1. 南瓜口味的饅頭彈Q有勁。
2. 對於做饅頭包子，老闆王賢懿有自己的一套標準。
3. 鮮肉包口味扎實清爽。
4. 蘿蔔櫻子口味內餡的包子比較少見。

info

- 高雄市左營區左營大路856號
- （07）581-4801
- 05:30～17:30，週一公休
- 饅頭10～15元、麻婆豆腐、四季豆肉包、黃豆芽菜包、豆沙包各15元
- 走國道1號於高雄鼎金系統交流道轉接國道10號右轉往左營方向，下左營交流道，接台17線，右轉勝利路，右轉城峰路，右轉左營大路可達。

美好味道

最受歡迎人氣商品

非常受到客人喜愛的麻婆豆腐包，加了豆瓣醬調製，長型外皮上微透著嫩黃色，麵皮吸滿湯汁的精華，內餡的麻婆豆腐吃起來彈嫩且香氣十足。

鳳山南台春捲

皮薄餡多鹹淡剛好

自家親手做的春捲皮，每日新鮮烹調的餡料，這樣有誠意的春捲怎會不受歡迎，甘甜的高麗菜、香噴噴的滷肉片和炸香腸，絕對是遊歷老城鳳山不可錯過的美味小吃。

時代進步、經濟發達，很多以往只在節慶才能嘗到的小吃已經是平民美味之一，清明節必吃的春捲就是一例，不過南北地域的距離讓每個地方的春捲都有不同的口感特色，高雄鳳山在地的春捲最特別的就是加了一味香腸餡料，而「南台春捲」是其中生意最好的一家。

開店四十年的南台春捲由羅家經營，現在已經傳到第三代，使用的春捲皮由本家製作，用獨門調配的比例製作麵糊，再上熱鐵盤刷出一張張皮薄、有彈性的餅皮。除了餅皮製作精心費工，春捲的餡料準備也不含糊，南台春捲大約有七、八種配料，除了油炸香腸以外，還有高麗菜、豆芽菜、蛋絲、菜脯炒豆干以及滷肉，其中滷肉還是用軟嫩的腰內肉材料，這些菜色可不是老闆隨意搭配，而是考慮到要兼顧鹹淡適中，前幾種屬於清淡口味，滷肉與香腸就是比較濃郁的口味了。

即便春捲已成為日日可品嘗的普遍美食，但是每到清明時節，南台春捲還是會出現驚人的排隊風潮，除了應景以外，好吃又「唰嘴」也是原因之一，如果不想趕熱潮，還是建議平日去購買較方便。

美好味道

老客人道地吃法

老客人會選擇點一份春捲，搭配一碗浮水魚羹，夠本事的話也能外加一份刈包或米糕，滿足口腹之慾。

info

- 高雄市鳳山區五甲一路12號
- （07）745-3415
- 09:00～23:30
- 春捲40元，浮水魚羹35元，刈包30元
- 走國道1號下高雄中正一路交流道，左轉往鳳山方向，左轉三多一路，接自由路，右轉中山路，左轉五甲一路可達。

3 2 1

1. 老客人點一份春捲時，會選擇搭配一碗浮水魚羹。
2. 南台春捲使用的春捲皮是本家製作，用獨門調配的比例製作麵糊。
3. 南台春捲配料大約有7、8種。

Chapter 5

風格餐館

喜歡在一天的開始，
用一份早午餐注入活力，
走進餐館感覺到空間的高雅，
隨處可見老闆的童心在店裡到處蔓延，
品味細膩的餐點，
談美味以寄與，
風格是餐廳的靈魂，
誰也偷不走！

好雙咖啡

創意蛋糕在舌尖上跳舞

命名「好雙」是因爲家中的四姊妹和一個弟弟，四姊妹爲兩「雙」，女＋子＝好，讓人感受到家族的向心力，曾有外地網友喊話，爲了好雙的蛋糕甚至可以考慮移民高雄。

1. 雙色地瓜伯爵蛋糕擁有伯爵茶獨特的佛手柑香氣，與台灣地瓜真正絕配。
2. 二樓的重色系桌椅和灰黑水泥牆展現沉穩質感。

好雙的創始是在二〇一三年的夏末，那是一棟百年的木造日式老屋，緊鄰愛河畔，豐富了許多高雄人的早茶與午休。時光走入二〇一五年初秋，因為租約的關係，好雙移了幾步路，在舊店的斜對角找到一間六十年的老屋，以巴洛克式風格呈現，圓滿了老闆姊弟們對老屋咖啡的執著，讓他們大呼幸運。

新的好雙開店至今其實也快一年了，同樣的兩層樓空間，面積卻大了許多，一樓保留原建築的窄門與紅磚牆面，羅馬立柱與拱形門框展現了西方風格，就連廊道天花板上的星形雕刻花紋也依舊被保存，主要的原因還是希望大家能在這裡感受到一些老時光的氛圍。

這棟長型格局的建築，為了採集光源，擔任設計主力的弟弟運用大量的清爽色調讓空間更明亮，一樓以木頭色系的地板與桌椅搭配白色牆面，懸吊燈具交叉錯落展現立體感，另一旁則是開放的工作台，客人可以邊吃美食邊與老闆們聊天。二樓的色調較為沉穩，重色系的桌椅與灰黑水泥牆面流瀉古老的質感，以玻璃隔間區分室內與戶外，三座拱窗引進道路上的綠意，放眼望去就像一幅畫。

千變萬化的創意蛋糕

這裡的餐點以三明治類型的輕食為主，咬咬起司燻鴨（或燻牛）三明治、凱薩香料烤雞胸都是熱門首選，尤其是咬咬起司這款，是姊妹們共同的創意，愛動腦筋的她們用軟法麵包，外裹起司料加糖粉，內夾燻鴨和香醇的花生醬，鹹甜香味同時滿溢在口中，好吃到堪稱鎮店之寶。

蛋糕無疑是好雙留住客人的祕密武器之一，所有的製作想法都來自於大姊 Lala。因為幾個姊妹都很愛跑傳統市場，就是在這樣的兜轉之間，有別於一般甜品店製作的創意蛋糕就會出現在店裡的儲藏冰櫃裡，蛋糕體以磅蛋糕口感為主，但多了些層次感與扎實度，而裝飾蛋糕體外的雕塑就更千變萬化了。

有時你還會看到各色玫瑰花瓣盛開在蛋糕上，有時能嘗到蛋白糖衣裹著鵝黃酸甜檸檬醬的口味，再不然來一口苦甜巧克力草莓派的成熟韻味，或是驚豔於糖漬柳橙巧克力的璀璨，每一次造訪都有驚喜。在眾多的蛋糕當中，老闆們很推薦常備款雙色地瓜伯爵蛋糕，伯爵茶獨特的佛手柑香氣與台灣地瓜實屬絕配，當大家力捧明星甜品泥巴派的同時，也可以試試這個口味；記得別錯過輕熟女很愛的黑糖卡布飲品，或是夏日裡沁涼的莓果冰沙，都有滿滿的創意在裡頭。

3 2 1
4

1. 開放的工作台讓客人可以邊吃美食邊與老闆們聊天。
2. 夏日裡沁涼的莓果冰沙非常消暑。
3. 咬咬起司燻鴨三明治是姊妹們共同的創意。
4. 擔任設計主力的弟弟運用大量清爽色調讓空間更明亮。

info

- 高雄市鹽埕區大成街73號
- （07）521-6476
- 週二至週五12:00～20:00，週六、日10:00～20:00，週一公休
- 咖啡110元起，冰沙160元起，咬咬起司燻鴨三明治100元，雙色地瓜伯爵蛋糕100元
- www.facebook.com/2insHCafe
- 走國道1號下高雄中正一路交流道，右轉走中正一路到四路，左轉河東路，右轉五福四路，右轉大禮路，左轉新樂街，右轉大成街可達。或搭乘高雄捷運橘線至「鹽埕埔站」，自4號出口步行約7分鐘可達。

美好味道

無菜單手作甜點

店裡目前共有十五款蛋糕，手作甜點無提供菜單，可以直接詢問老闆；想吃哪款，還可詢問是否能客製化呢！

圖釘餐酒館

老街區裡的英式小酒館

圖釘餐酒館提供最用心的餐飲服務，他們希望客人盡興而歸之後，會不自覺地跟朋友絮叨著：「我特愛他們家鴨胸燉飯的濃郁，或鐵鍋歐姆雷的多重層次口感……」

最美的風景通常隱匿在無名巷弄之間，站在圖釘餐酒館的大門前，很多人也會有這種感覺。雖然距離駁二蓬萊倉庫只有幾步距離，但一條窄巷彷彿分隔了兩個世界，少有逛街人潮的堀江街硬是讓這間餐館有如祕境般，難以發掘。不過當你推開門，恍如置身英、德小餐館的驚喜，馬上就讓方才兜兜轉轉的煩躁感瞬間消失。

圖釘餐酒館是Ruby丁芯瑜與好友一起開設的異國創意料理據點，二〇一四年底正式廣迎賓客。店名「圖釘」取得讓人好奇，其實有二種意義，簡單來說是丁芯瑜和好友涂小姐兩個姓氏的組合；深層內涵則是因為店址身處高雄的五金鋼材區，自詡為小小圖釘，希望能融入社區的生活，吸引鍾愛義式美食的客群。

2 1

1. 鐵鍋歐姆雷把平價的烘蛋料理以更精緻的作法展現。
2. 餐館定調為輕工業風的設計型態。

REAL INGREDIENTS
SWEET TART
FLAVOR Q CHE
BEER & WINE
OPEN SANDWICH
FRESH MEAT
BRUSCHETTA
ALL DAY
MIDNIGHT TAPAS
BISTRO
以認養代替購買
不離不棄不放手

舒適空間裡的美味夢想

Ruby 是道地的高雄人，因為求學曾在北部生活過一段時間，擁有美術專業的她曾遠赴倫敦主修設計碩士，因緣際會下愛上異國料理，回到家鄉之後決定結合藝文與美食，成立私廚相關工作室，也規畫過不少飲食文化與藝術類型的展覽。最為人所知的就是二〇一三年在駁二的《吃心絕對——藝術家的美味派對》展覽。

之前的私廚打理經驗讓 Ruby 與現任房東有了交集，因為理念相同，這棟建於一九六二年的水泥透天厝，便成為有異國風情的餐廳。三個樓層的空間中，一、二樓是用餐區，夥伴們將餐館定調為輕工業風的設計型態，造型特殊的各式燈具、以黑灰加上原木桌椅等沉穩的色系，營造出一點慵懶、一點不拘與一點粗獷的味道。二樓的空間較為寬敞，大約可容納五、六桌客人，料理廚房也在此層，採半開放式，客人能一邊聊天品餐，還能看到型男廚師們在廚房裡烹調的帥氣模樣。

主推沙拉、鐵鍋歐姆雷與海鮮燉飯

除了所學的藝術專業之外，Ruby 也說得一口好菜。提起自家店裡的菜色，她對食材、餐具、配料到烹調方式，都清清楚楚。將餐館定調為義式料理，主要是希望能養成高雄人享受南歐國家的烹調美味，所以店裡的菜單有燉飯、義大利麵，也有輕食沙拉與歐姆雷烘蛋等內容。燉飯沒有全部迎合在地人的口感，依舊使用義大利進口的圓米，因為圓米最能呈現炒料湯汁的最佳口感；許多曾在南歐品嘗過異國燉飯的客人，都很支持這種原汁原味的作法。不過如果真不習慣保留米心的料理呈現，還是可以請店家稍做調整，一樣能擁有最棒的用餐享受。

3
4 2 1

1. 店裡的調酒是夜間時分的慵懶催化劑。
2. 西班牙番紅花海鮮燉飯讓所有食材都發揮了最佳的風采。
3. 半開放式的料理廚房位在二樓。
4. 獨具風格的插畫擺設，增添了餐館的個性。

分享好味道和好文化

店裡的用餐模式採單點的作法，菜色的分量頗大，很適合多人共享的吃法，招牌料理非常多，最熱門的有野牛凱薩木盆沙拉、鐵鍋歐姆雷以及西班牙番紅花海鮮燉飯。野牛凱薩木盆沙拉的主角是骰子牛，這道菜的設計是為了同時照顧喜葷食與愛蔬食的同桌客人，用紅酒香煎的骰子牛肉塊搭配道地的凱薩醬汁，既甘甜又鹹香，滋味非常豐富。作為主食的西班牙番紅花海鮮燉飯用進口的美味淡菜提升料理的豐富度，數道烹調工序讓所有的菜色都發揮了最佳的風采，也是值得品嘗的重點。

目前圖釘餐酒館平日只供應晚餐料理，其他時間則是分享飲食文化的空間，有興趣的客人可以報名相關課程，包括跟廚師學料理、參加品酒講座或電影賞析等，讓餐廳有更精采服務。

美好味道

招牌料理富含層次

鐵鍋歐姆雷把平價的烘蛋料理以更精緻的作法呈現，鐵鍋的持溫效果，巧妙融合了烘蛋與其他食材的味道。

半開放式廚房讓客人能看到型男廚師們在廚房裡烹調的帥氣模樣。

info

- 高雄市鹽埕區堀江街36號
- (07) 521-8282
- 週一至週五17:30～21:30；週六、日12:00～21:30，週二公休
- 野牛凱薩木盆沙拉280元，鐵鍋歐姆雷180元起，西班牙番紅花海鮮燉飯420元。每人低消250元
- www.facebook.com/pushpin8282
- 國道1號下高雄中正一路交流道，右轉走中正一路到四路，左轉大勇路，右轉公園二路，左轉堀江街可達。或搭乘高雄捷運橘線至「鹽埕埔站」，自1號出口步行約4分鐘可達。

挑食
最著時的新鮮菜色

巷弄內的「挑食Gien Jia」，英文名來自挑食的台語發音。用四季更替的菜色，台灣最鮮的食材，烹調出一道道精緻佳肴，在這裡，你真的可以挑食。

開胃菜曾推出過椰奶紅咖哩卷附蒜味法國麵包。

一位有著基本功又有想法的廚師，可以帶領食客們徜徉在無邊際的味蕾世界，而由Wilson經營並且擔任主廚的挑食餐館就給予大家這樣的享受，對於自己喜愛的料理，他樂在其中，端出的每一盤菜肴都有豐富且美味的口感，所以直到現在，要上挑食吃一頓飯，熱門時段往往得一週前訂位。

這麼搶手的餐廳會受歡迎不是沒有原因的，Wilson了解食材的最佳狀態就是要當令當時，因此現在仍舊堅持每年更換四季菜單，海鮮類甚至更精細到每兩天變換不同菜色，食材端看Wilson當日去漁港採買的種類而定。餐廳現今的門面在二〇一五年時才重新整修過，位置依舊緊密，不過起碼多了十幾個座位，可稍稍紓解熱切的人潮，用餐空間仍舊維持歐洲鄉村風格，原木色桌椅搭配潔白的磚牆讓店內散發著自在優雅的氣息。

在地小農產品激盪美食火花

曾在亞都麗緻服務過的Wilson，讓他有機會接觸到外籍主廚，因為很推崇對方使用原鄉食材的想法，他開了自己的店後，也愛用台灣在地小農的產品，有空時會去產地了解，忙碌的話則是直接在高雄微風市集採買，這樣的作為可以從餐廳大門入口處的農作物陳列區看到，

洋蔥、栗子、牛番茄、胡蘿蔔等等，都是成就佳肴的主角，另外還有宜蘭的膽肝、屏東六堆的黑豬肉都是挑食饕客們爭相品嘗的料理之一。

在這裡用餐適合採取單點分享的方式，菜色按照義法料理區分成開胃菜、沙拉、濃湯、燉飯、義大利麵或肉類海鮮等主食，內容會隨著季節改變，以主打的挑食沙拉來說，就有四季菜單，譬如二〇一五年冬季版的挑食沙拉裡，就會有芝麻葉、地瓜、金桔、醃漬櫻桃與石榴等多達十幾種鮮蔬食材，並以鎮江醋作底製成特色醬汁，讓這份客人們強推的招牌沙拉，擁有多層次的口感滋味。

開胃菜曾推出過椰奶紅咖哩卷附蒜味法國麵包，使用台灣沿海的小卷以泰式咖哩的作法呈現，味道也很豐富多變，二〇一六年的春季菜單則有曼哈頓燴蛤蠣配蝦油炒手；而緊隨而來的夏日，當然也會有令人期待的創意菜色。主食方面各有千秋，不管是燉飯、義大利麵或肉類海鮮都值得品嘗，在這些菜品上可以看出Wilson不受拘束的想法，他可以參考法國諾曼地地區的麥年魚作

法，用的卻是台灣的虱目魚，烹調出一道麥年虱目魚青醬章魚，也能設計出海味濃郁的酥炸小魚橄欖辣炒貝類手工麵，再搭配老客人大推的冬瓜檸檬冰飲與手工提拉米蘇甜品，屬於挑食的用餐時光絕對獨一無二且令人難忘。

美好味道

食材風味各自跳脫

義大利麵吃到一半時，服務生會貼心地上前詢問口味如何，需不需要加岩鹽或胡椒，讓各食材的風味各自跳脫出來。

info

- 高雄市新興區金門街107-1號
- (07) 222-1121
- 11:30～14:30，17:30～21:30，週一公休
- 挑食沙拉180元，經典湯品60元，冬瓜檸檬45元，開味菜160元起，燉飯、義大利麵240元起，肉類420元起，紅白酒每杯120元起
- www.facebook.com/GienJia
- 走國道1號下高雄中正一路交流道，右轉走中正一路，左轉五福一路，右轉金門街可達。或搭乘高雄捷運橘線至「信義國小站」，自4號出口步行約8分鐘可達。

1. 原木色桌椅搭配潔白及木頭色的磚牆讓店內散發自在優雅的氣息。
2. 餐廳的廚師們都會安排時間到產地了解食材。
3. 冬瓜檸檬冰飲是老客人極力推薦的美味之一。
4. 店裡的菜單按照四季節令設計，每一道都是驚喜。
5. 挑食沙拉均使用當令食材製作。

麓琦和洋烘焙餐廳

猶如置身京都街巷小餐館

用餐時有可愛的豆豆龍（龍貓）陪伴絕對令人難忘，麓琦餐廳的空間設計和餐點很有京都和式風味，還貼心地請出宮崎駿動畫人氣明星作陪，難怪能在高雄餐飲戰區擁有一席之地。

從屏東起家，麓琦和洋烘焙餐廳已是南台灣很知名的特色餐館，總店位在屏東一處眷村的老屋空間裡，與高雄分店同音不同字，叫作「露琦」，老闆有意與高雄地區開出系列店，但在日文裡都是ろじ（ROJI），翻譯成中文是巷弄的意思。

整個 ROJI 餐飲系列已經衍生出好多個據點，比較新的就是麓琦咖啡道，現在也已經在高雄開了兩間店，而位在高雄三民區的麓琦和洋烘焙餐廳則是第四個據點，這一區還包含另一間屬於姊妹體系的莎露餐廳。有別於總店的老屋風格，三民店開在安靜的住宅大樓區裡，老闆延續了各個店面的獨特設計風格，把這處空間規畫成多元的異國風情，有濃厚京都風味的和式風以及典雅的英國紳士書房氛圍。

和式風情集中在一、二樓之間，一樓有日本常見的浮世繪畫作，而座位上總會看到可愛的龍貓布偶出現，酷愛宮崎駿動畫的老闆的童心隨之透露，麓琦和洋飯店的店內布置非常細膩，灰暗的場景有鮮明的日本塗鴉彩繪作品。三樓的空間很有書卷味，就像是某位英國紳士的書房，流瀉著典雅與高貴。

餐飲方面以日式菜色為主打，每個季節或半年都會創新菜色，譬如以往很受歡迎的卡滋照燒雞肉球就已經替換為卡滋脆豬排，食材不同作法仍然一樣，就是豬排外裹上麵糊與科學麵之後料理，呈現餐點的爽脆口感。熱門的甜品中，最受歡迎的絕對是天皇乳酪蛋糕，這是用日本進口的抹茶粉搭配重乳酪製作，口感綿密，是下午茶必點的選項。

info

- 高雄市三民區褒揚東街162巷11號
- （07）767-6784
- 11:30～22:00
- 卡滋脆豬排套餐290元，和洋丼飯套餐245元起，和洋鍋物套餐300元起，天皇乳酪蛋糕50元，抹茶紅豆飲110元
- www.facebook.com/COFFEE.ROJI
- 走國道1號下高雄九如一路交流道，左轉九如一路，左轉澄清路，右轉褒揚東街，左轉162巷可達。

精采亮點

風的通道

露琦總店坐落在屏東市青島街的勝利新村裡，來到這必須先穿越一條小徑，老闆稱它為「風的通道」，讓人有柳暗花明又一村的感覺。

1. 一樓餐區以和風情調設計。
2. 美國國旗造型設計的飛機增添了異國趣味性。
3. 餐廳常搭配特殊節日推出商品特賣。
4. 招牌天皇乳酪蛋糕是用日本進口的抹茶粉搭配重乳酪製作。
5. 餐館菜色每季不同，點菜請以現場為主，此為曾推出的炸蝦套餐。

私心珈琲

啜飲一杯習慣的好味道

因爲喜愛咖啡，而決定讓咖啡陪著自己與朋友營造每日好時光的女孩依霖，終於擁有了自己的咖啡館，她與男友一人煮咖啡，一人烘豆子，希望愛咖啡的人都能在這裡喝到一杯讓你習慣的好味道。

高雄愛喝咖啡的人大多知道依霖，不僅僅是因為她是一位專業的咖啡師，擁有高技巧的咖啡拉花手藝，而是純粹欣賞她對咖啡領域的喜愛與堅持，更進一步地說，她非常迷戀咖啡館的氣息與香氣，所以在萬事俱備後，她用義無反顧的心情，投入了經營咖啡館事業大軍行列。

二〇一六年初，私心珈琲才剛剛開業，地點沒有選在商業鬧區，而是落腳在車來人往的翠華路大道，主要是因為位址是親朋好友的產業，能讓初創業的她減少開店成本。私心珈琲的店面不大，卻設計得很溫馨，原木色系桌椅、地板搭配灰白相間的牆面，處處散發著俐落簡潔的氛圍，使用大量的馬賽克磁磚，連客人最愛入座的吧台區，也是由一整片白色磁磚組成。

用品酒的方式品咖啡

品嘗咖啡的方式有千百種，而私心珈琲選用品酒的方法，讓咖啡能在各種口徑的玻璃杯裡，呈現出千變萬化的狀態，因此來到這裡，只要你點了一款單品咖啡，一套五支不同的玻璃杯就會為客人呈現不同口味的咖啡味道，大口徑燒杯作為主要飲品器皿，倒入矮杯的咖啡偏香；口徑較窄的長杯則擁有讓香氣持久的作用；造型特別的曲線杯也就是Grappa酒杯，較常被運用來品飲渣釀白蘭地等酒類，店裡的單品咖啡都是由依霖男友親自烘焙，商品架上也有販售咖啡豆。

2 1

1. 一套5支不同的玻璃杯為客人呈現出不同口味的咖啡味道。
2. 原木色系的桌椅，搭配灰白相間的牆面，看起來溫馨舒適。

愛咖啡的依霖不走傳統路子，她讓店裡的咖啡透過更多創意手法，呈現多元的口味，所以私心珈啡不僅有盧安達、耶加雪菲、巴拿馬或蘇門答臘等地的莊園豆咖啡，還有用芭樂、番茄梅子、百香果與水果茶等食材調製出來的創意黑咖啡，這樣的天馬行空正好顯示了年輕人不受拘束的精神。除了咖啡之外，別處喝不到的創意飲品也隨時在店裡出現，譬如用四、五種當令水果慢磨的果汁，譬如手作的巧克力控可可，再搭配酒鬼提拉米蘇或薏仁紅豆湯等甜點，私心珈啡所給予的時光絕對是新鮮的，而人生不就是要不斷地嘗試才有機會擁有獨一無二的未來！

info

- 高雄市左營區翠華路584號
- （07）588-8951
- 10:00～19:00，週三公休
- 單品咖啡120元起，茶飲130元，果汁160元起，酒鬼提拉米蘇100元，創意黑咖啡130元起
- www.facebook.com/cafefavoritel
- 走國道1號於高雄鼎金系統交流道轉接國道10號右轉往左營方向，下左營交流道，接台17線翠華路可達。

4 | 2 | 1 | 3

1. 店裡常有創意十足的飲品出現。
2. 依霖是一位專業的咖啡師，有高技巧的手藝。
3. 酒鬼提拉米蘇是依霖的創意巧思。
4. 小巧溫馨的私心咖啡店面。

美好味道

不喝咖啡的選擇

店內也貼心替不喝咖啡的客人準備「紅豆薏仁」，老闆選擇的是營養成分較高的紅薏仁，濃醇的抹茶紅豆搭配薏仁真是絕配！

木葉粗食

用心做好料理的裸食餐館

「愛地球」三個字朗朗上口，眞正做到的人卻不多，國外倡導「Better Food for Better Planet」，在高雄，木葉粗食已經開始這樣做了，強調用最安心的食材做最用心的料理。

選在二〇一五年四月二十二日地球日開幕，至今木葉粗食在高雄人的心中就是一間簡約日系風格的小餐館，溫馨的空間，美味的佳肴，能提供一段很棒的用餐與休憩時光，深入了解這家充滿著木質手感的餐廳，你會感佩他們對於用心做好料理的信念與堅持，老闆娘 Lilyth 希望由他們開始做起，帶動大家養成綠色消費的習慣。

從大二開始茹素，Lilyth 很注重健康食材，曾擔任空姐的緣故讓她有機會到世界各地看看，也希望將海外逐漸重視的綠色飲食帶入高雄。木葉粗食的店名涵義淺顯易懂，林木、綠葉與大自然，英文名「Mottainai」，取自日文「もったいない」，意思就是不浪費，表達店家珍惜萬物的初心。在這裡能讓「吃」回歸到最原始的本質，店裡的菜色是全蔬食，採用的是台灣小農的作物，也有部分來自慈心農場體系。

1. 韓國coffeega 的木作冰滴咖啡架造型典雅。
2. 單品咖啡特別聘請咖啡職人現場製作。
3. 有機櫛瓜生機麵佐沙嗲其實是用切細條的櫛瓜做成麵條狀。

店內的設計裝潢走簡約時尚的風格，桌椅、燈具多來自海外的名家設計，原木吧台前的幾張雨傘式座椅非常吸睛，這是香港設計團隊 The Cave 的經典作品，是深色的 Boltie 系列，他們擅長創作木質家具，也能從廢棄木材找出創意好點子，與木葉粗食的理念非常吻合。

從產地到餐桌的有機蔬食

燈具的部分有採購自北歐丹麥的 PH 燈具，最經典的就是鋁製松果燈，木葉粗食的大長桌上那幾盞是代表之一，這還是 Lilyth 眼明手快搶下的一百二十週年紀念款。另外還有韓國 coffeega 的木作冰滴咖啡架，陶瓷商品展示架上的長崎 HAKUSAN 與佐賀有田燒的陶器，也都是主人的精心挑選之作。

木葉粗食的餐點都是經過仔細推敲研發出來的內容，主食方面有青醬松子腰果炒飯，這是特製的青醬 sauce 搭配有機松子、腰果以及彈牙的花蓮銀川米烹調，是店裡的超人氣美食，沙拉與甜品方面只要有需要使用到大麥、小麥、黑麥等食材，就會以另外的成品替代，為了照顧到對穀物蛋白成分過敏的客人，店裡現在研發有機無麩質的菜單，包括很有創意的有機櫛瓜生機麵佐沙嗲。

這道被冠上「Zoodles」的菜色其實是用切細條的櫛瓜做成，醬汁用低溫四十一度、風乾二十四小時的生杏仁調製，再撒上店家特製的辣椒粉，整個口味清爽多汁，超低熱量讓人吃起來也不會有罪惡感。甜點亦大量運用無麩質材料製作，一款蔓越莓起司蛋糕用有機腰果做成起司蛋糕體，杏仁果做派皮，再撒上新鮮蔓越莓的風乾果粒，展現百分百的視覺與味覺滿意度。

1. 店內的桌椅、燈具多來自海外的名家設計。
2. 店裡的單品咖啡都是時下最流行的口味。
3. 木葉粗食的店名取自日文もったいない，意思就是不浪費。
4. 店內的空間為簡約日系風格，讓人備感溫馨舒適。
5. 蔓越莓起司蛋糕用有機腰果做起司蛋糕體，杏仁果做派皮，視覺與味覺兼備。

info

- 高雄市苓雅區林泉街57號
- （07）722-2437
- 11:30～20:00，週二公休
- 單品咖啡150元起，冰滴咖啡160元起，茶飲110元起，果汁150元起，無麩質甜點50元起，木葉沙拉150元，主食280元，每人低消120元
- www.mottainai-veg.com
- 走國道1號下高雄三多路交流道，右轉走三多一路到二路，右轉廣東一街，左轉林泉街可達。或搭乘高雄捷運橘線至「文化中心站」，自3號出口步行約12分鐘可達。

精采亮點

木葉的信念堅持

具備味蕾的鑑賞力，更要懂得分辨什麼才是真正食物，並從碗中一方，具體實踐「吃蔬食救地球」。

米昂法式創意燉飯

來燉好飯吧！

燉飯是義國料理的菜系，要迎合台灣人的口味，這其中的烹調技巧要拿捏得恰到好處，米昂的燉飯無疑是做得很到位的，米飯飽滿扎實帶有彈Q感，搭配主廚特調的醬汁，每道菜色都讓人吮指回味。

在高雄開業兩年多，米昂法式創意燉飯已經是在地年輕族群很愛造訪的風格餐廳，受歡迎的原因除了餐館裝潢風格以歐洲鄉村調性呈現以外，由主廚 Rex 親自設計的菜單也是值得推薦的重點。

為了讓餐廳的菜色能有道地的口味，Rex 還特地前往法國米昂學習西餐廚藝，回國後開設了多家的義法料理餐廳，而位於靠近市府點永靖街店址完全以燉飯主打，成為高雄少見的燉飯專賣店，這樣的豪氣，除了來自於他對自己燉飯料理的信心，也有部分是因為食材精選的堅持。

米昂的燉飯使用的米粒食材沒有使用進口貨，而是挑選宜蘭茶米與糙米做調和，呈現的效果一樣不輸進口米。當然菜色的多樣化也是客人一再造訪的原因，二〇一六年新的菜色更讓人耳目一新，以飛機餐為概念推出全新套餐，搭配多種的隱藏版異國創意燉飯，讓餐點更多元化。燉飯系列中，以黑漆漆墨魚海鮮總匯燉飯、香料雞排起司奶油燉飯較受歡迎，隱藏版料理也曾經推出紐西蘭燒烤骰子牛肉燉飯，每一道都讓人充滿驚喜。配餐的部分也很用心，附餐麵包是請專業的烘焙坊特別製作，絕對不馬虎，濃湯更是花時間熬煮，充分將食材的原味濃縮在湯汁中，衝著這份貼心就值得上門捧場。

1. 餐館裝潢以歐洲鄉村風格呈現。
2. 米昂的燉飯使用的米粒是挑選宜蘭茶米與糙米做調和（此菜色已更換請以現場菜單為主）。

美好味道

用心堅持的美味

燉飯混合了宜蘭茶米和糙米製作，因食材精選的堅持，加上附餐也毫不馬虎，用心燉煮的美味看的見。

info

- 高雄市苓雅區永靖街97號
- （07）334-4088
- 11:00～14:00、17:30～21:00，週一公休
- 燉飯單點200元起，義大利麵套餐280元起，排餐套餐420元起
- www.facebook.com/LeRice3344636
- 走國道1號下高雄中正一路交流道，右轉直行中正一路，左轉凱旋二路，右轉四維二路，左轉光華一路，右轉興中一路，右轉學源街，左轉永靖街可達。

有。野餐

自由自在的早午餐店

幻想自己能跟一隻老虎在綠草坪愉快地野餐嗎？「有。野餐」的老客人都是這麼做的，只不過老虎是偽老虎，綠草皮是人工草皮，搭配美味的早餐，讓用餐時光自然也是自由愉快的。

1. 「當起司遇上起司」是兩種口味起司的融合口感。
2. 以老虎與狗的布偶、人造草坪營造戶外野餐的氣氛。

「有。野餐」是鳳山「有」式品牌旗下的一間供應輕食的餐廳，與「有。料理」、「有。咖啡」是關係企業，位置離得也很近，走幾步路就到了。有。野餐標榜的是享受自由的早午餐，店裡的氛圍是輕鬆且無拘束的，經營者chen chen是一位喜歡讓生活充滿變化的女生，她在支援過「有。料理」一段時間後，在二〇一四年七月打造了這處天地，本身具有設計服裝的專材，所以對創立品牌的想法也很有主見，而「有。系列」的名字，就是來自於日本電視劇《HERO》裡一位叫作「有（あるよ，Aruyo)」的廚師。

「有。野餐」是一棟兩層樓的建築，一樓是用餐區，二樓則是工作室並不開放，外觀以簡潔的黑白色色調呈現，在都市裡要營造綠地野餐的空間，就得藉由一些人造元素，所以才會有布偶老虎、人造草坪等搭配的用具。

當日限定的野餐人祕密套餐

菜單會隨著季節時令常做更換，主要規畫者chen chen很強調新鮮與創意，光看她為眾多菜色命名的奇妙巧思就可以看出來，譬如一口接一口黑胡椒煎雞肉、當起司遇上起司，最招牌的就是每日不同的野餐人祕密套餐，這道料理在菜單上沒有標示價位，因為定價得看當

鳳山
CLUB-MATE
CLUB-MATE
CLUB-MATE

天的採購成本，chen chen 每天都會去傳統市場採購新鮮食材，有時以墨西哥捲餅呈現，有時用佛卡夏麵包做主搭，全看當天的食材而定。

店裡的麵包都是自家手工烘焙，早午套餐的主食也是以此為主，包括了法國麵包、貝果、吐司、佛卡夏等，比較受歡迎的還是熱壓三明治，當起司遇上起司是兩種口味起司的融合口感，南瓜野菇起司有鄉村田野風味，另外還有義式肉醬與德式香腸，以及經典花生醬培根等，店裡用的花生醬還是使用新竹老牌的福源花生醬，這些單品可以加價選擇套餐，套餐內容有濃湯、薯條、炒蛋與飲料。

飲料方面有不少創意的特調可以嘗試，小朋友很愛的抹茶牛奶有鮮奶的香醇與抹茶的細膩，比較特別的是店家引進不少低酒精與氣泡飲，熱門的有Club mate瑪黛茶的氣泡飲、Helden Pause帶有梨香的「嘿！英雄氣泡飲」；低酒精飲料有憤怒果園蘋果酒與亨利樂蒂氣泡酒，這些都適合在優閒的午後時光享用。

info

- 高雄市鳳山區光遠路297巷3號
- (07) 719-8685
- 09:00～16:00，週一公休
- 野餐人祕密套餐當日價，義式肉醬與德式香腸、一口接一口黑胡椒煎雞肉、南瓜野菇起司95元，升級套餐加100元，匈牙利燉牛肉飯270元，野餐風味雞肉沙拉130元，抹茶牛奶110元起，瑪黛茶氣泡飲140元
- www.facebook.com/picnictogo
- 走國道1號下高雄中正一路交流道，左轉往鳳山方向，左轉三多一路，接自由路、光遠路可達。或搭乘高雄捷運橘線至「大東站」，自1號出口步行約7分鐘可達。

1. 有。野餐希望在都市叢林裡營造綠地野餐的空間。
2. 店裡的麵包都是自家手工烘焙。
3. 即便是濃湯也是店家新鮮現做。
4. 自製果醬可口美味。

美好味道

野餐人祕密套餐

每日變化的野餐人祕密套餐，在菜單上沒有標示價位，成本全看當日採購的新鮮食材而定。

小露吃
最在地的義式冰淇淋

很多人用實際的行動表達他們對台灣這片土地的熱愛，小露吃的店主人就是這些族群中的一份子，他們會做出很美味的義式冰淇淋，將台灣在地小農的作物食材，幻化成能在舌尖上跳舞的冰品。

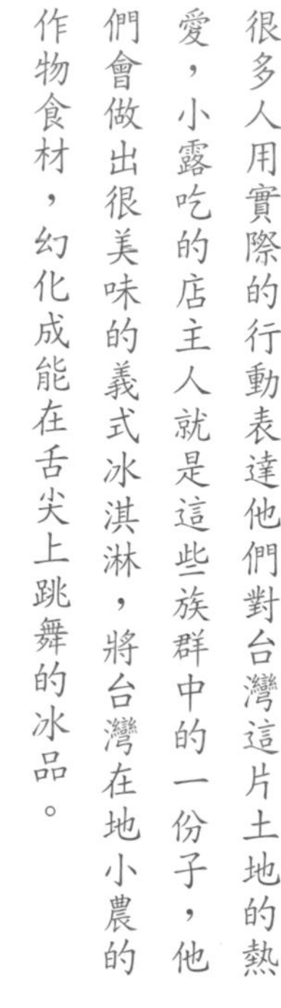

小露吃這家店其實沒有開很久，在二〇一四年四月落腳於史蹟味濃厚的旗山，男、女主人阿東與小露溫和的個性中帶著親切，為客人們介紹當日主打的霜淇淋與義式冰淇淋口味時，充滿了對台灣小農的驕傲，也因為他們的尋覓與篩選，不管在那個角落，總有好的食材與作物被驚喜地發掘。

店名聽起來可愛萌趣，可其實還有背後的意義，官網上解釋，「小」是希望著重細節與過程，「露」指的是美好的自然生機，「吃」就是字面上的意思，民以食為天，這是千百年來不變的真理，而小露吃之所以存在的主要原因，就是支持台灣的小農產品。

才剛於二〇一六年夏季重新整修換了門面的小露吃，店主阿東特地跑到義大利 Bologna 的冰淇淋大學進修製作義式冰淇淋的課程，研發讓食材風味更加明顯、扎實的口感。

來自友善土地的當季食材

有些人做生意並不是以賺錢為目的，小露吃這家店就是這麼想的，位在旗山街上的店面散發著歐式鄉村風情，天藍與大地色系讓空間飄揚著自然的森林系氛圍，

3 4 2 1

1. 這裡的冰淇淋屬當天隨機、沒有固定口味。
2. 小孩與冰淇淋的搭配，是世界上最美風景之一。
3. 小露吃的店名蘊含許多意義。
4. 重新整修後的小露吃只賣冰淇淋。

也因為這樣舒適，不少客人點了冰淇淋之後沒有馬上離開，而是選擇坐在矮凳上、木長椅區，一口冰淇淋配一窗風景，聽著主人與前來供貨的小農討論著今年的收穫，對於食材的來源，阿東與小露除了親訪外，也會像寫論文般地跟農夫們討論細節，有這樣的把關，小露吃的冰淇淋在美味之外同樣令人安心。

主人性格隨性，店面開得也很隨意，週休二日不是慵懶，而是要到產地去跟農夫們搏感情，這裡的冰淇淋沒有固定菜單，因為水果、作物是有產季的，所以臉書上都會更新每週主打冰品，可能上一週是美濃自然紅豆配屏東九如檸檬口味，這一週就會出現雲林崙背的花生配台中新社的蜜柑；當然，還有嘉義義竹的手路桑椹、旗山的香蕉、岡山的珍珠芭樂、六龜寶來與枋寮的愛文芒果、台南土溝的南瓜與東山的柳丁等，全都是友善土地農夫們的誠意栽培。支持台灣小農，小露吃用手藝，那麼大家就用鈔票開始吧！

1. 小店面用藍色調呈現，給人輕鬆舒服的氛圍（此為整修前樣貌）。
2. 女主人小露正與供貨的在地小農閒談。
3. 許多客人喜歡坐在木長椅上，優閒享受冰淇淋的滋味。
4. 沒有太多花俏的裝飾，這裡卻處處充滿溫馨。
5. 店裡寄賣各種手作商品。

info

- 高雄市旗山區復新街60號
- 0984-381433
- 週三至週五13:00～19:00、週六、日11:00～19:00，週一、二公休
- 義式冰淇淋一球45元起，兩球同支折10元
- www.facebook.com/LucyEat
- 走國道3號南下田寮交流道左轉接台28線往旗山方向，進旗山市區後，左轉旗南一路，右轉復新街可達。

精采亮點

家鄉農夫的厲害

每週五是小露吃推出新一週主打星的日子，一支霜淇淋賣49元，其他天則賣70元。之所以不選在週末，小露認為「既然這裡是農業產區，應該先讓鄉親吃到好食材做成的霜淇淋，知道我們家鄉有這麼多厲害農夫的作物」。

Chapter 6

美好旅宿

來來往往的旅客，
總是要尋找落腳的地方，
時代汰換留存下的老旅店，
抱著夢想打造的新旅宿，
不變的都是在這裡生活的人，
和滿溢的人情味。

福容飯店

愛河畔的都會城市旅宿

沒有太花俏的設計，這裡保有連鎖集團給予的安全感與舒適度，絕佳的地理位置受到不少旅客青睞，幾步路就到愛河，還能遠眺海岸風光，對喜愛城市旅行的人來說，再便捷不過。

華燈初上，高雄市街的道路依舊忙碌，夜幕染上夢幻般的寶藍色彩，讓站在高樓的人們也被這美麗的景色閃得心醉神迷，這個時段，是高雄福容飯店位在二十五樓的餐廳尊榮廳最熱鬧的時段之一，戶外露天陽台坐著一對對情侶，一邊品嘗美食，一邊看著愛河與河口那端海洋的風光，情調十足，氛圍極佳。

福容飯店是國內知名的連鎖飯店，每一個據點都各有特色，高雄館就擁有非常好的地理位置，交通便捷，又剛好緊臨愛河畔與台灣海峽交會處，鹽程區小吃與熱門的駁二藝術特區近在咫尺，很適合安排各種型態的旅遊路線。飯店總共有二百五十間客房，除了在地旅客之外，也吸引不少星馬港澳的國際旅客進駐，房型也非常

福容飯店備有多樣房型供住客選擇。

圖片提供／福容飯店

1. 露天泳池讓住客們享受優閒假期。
2. 浴廁空間寬敞明亮。
3. 位在25樓的餐廳戶外露天陽台可以俯瞰高雄市景。
4. 飯店貼心準備的精緻盥洗用品。

多樣，精緻客房有分港景與市景的種類，端看住客喜愛哪種風光。

擁有迷人三角窗景的景觀套房

要大範圍欣賞高雄美景的話，建議預訂商務或家庭客群很愛的景觀套房，這種房型每層樓只有一間，以擁有三角窗景著稱，只要天氣好的時候，便可以隨心所欲地躺在床上看月亮數星星。房間的設計呈現都會簡潔的風格，沒有太多繁複的裝飾，但住客們都會在房內看到不同大小尺寸的風景照片，其中大部分都是高雄知名的地標，譬如旗津渡輪、愛河夜景，先用影像為客人們介紹高雄的美好。

餐飲料理絕對是福容飯店的主要特色，在知名大廚阿基師的指導下，每個館都能為自己打理出很具地方特色的美味佳肴，高雄福容的餐廳或咖啡館就有四處，除了頂樓的尊榮廳，另外還有阿基師茶樓、田園咖啡廳與福園中餐廳。

阿基師茶樓供應港式餐點與江浙料理，西式餐點以排餐和義大利麵為主打，主廚陳韋誠依當令食材烹調，其中有道無骨牛小排是熱門選項，先煎後烤的料理讓肉

質更棒。飯店時常會推出優惠的住房專案，有計畫到高雄旅遊的人可隨時上官網查詢。

1. 景觀套房擁有絕佳的視野。
2. 無骨牛小排先煎後烤的烹調手法讓肉質更棒。
3. 享受兩人世界的下午茶時光。
4. 西式餐點以排餐與義大利麵作主打，都是按照當令食材製作。

美好味道

精緻可口的下午茶

尊榮廳除了精緻的西式菜肴，可口的下午茶也非常受到在地客人的喜愛，三層點心塔口味多元，有點心坊製作的蛋糕、三明治，也有季節水果。

info

- 高雄市鹽埕區五福四路45號
- （07）551-1188
- 精緻雙人房港景6800元，家庭套房12800元，豪華雙床房7800元，景觀套房10800元，下午茶380元，精緻排餐900元，以上均需+10%。
- kaohsiung.fullon-hotels.com.tw
- 走國道1號下高雄中正一路交流道，右轉走中正一路到四路，左轉大勇路，左轉五福四路可達。或搭乘高雄捷運橘線至「鹽埕埔站」，自1號出口步行約6分鐘。

艾卡設計旅店

潘朵拉寶盒裡的舒眠時光

一群年輕人拿著設計草稿圖討論，然後在一片片的牆面上開始作畫，用炭筆、顏料，創意勾勒出許多天馬行空的構想，有飄滿鮮彩氣球的高雄天際，有彩印著幾何拼圖的四方空間。

艾卡是一棟很受時下年輕人喜愛的旅宿，二〇一一年初秋開幕就引起關注，最大的特點就是規畫了三十七間完全不同風格的房型，業者是一對很有想法的夫妻，先生 Jerry 在餐飲業擁有一片天地，太太 Sheryl 也曾是航空業專職，因為常在世界各地旅行，很能切身體會旅人們在行旅中需要舒適旅店的需求，喜歡求變的性格讓他們在艾卡的裝潢上不設任何框架，甚至請來許多室內設計者為房間注入不同的風格元素，三十七個房間，就是三十七種天馬行空的創想。

三十七種天馬行空的創想

開幕以來，只有幾個房間調整改裝過，其他房型都還是維持最初設計的樣子，旅宿是一棟獨立的建築，坐落在民生一路寬敞的林蔭大道上，部分房間推開窗看出去就是漂亮的市街景致。建築剛好處立在十字路口的邊角上，以無數的黑白色系方框格作為外牆立面，散發濃濃的都會時尚風情，七個樓層像是不同世界，就連房間外的廊道也非常有設計感。

走進旅宿，一樓的接待大廳簡潔明亮，空間雖然不大，但是處處可見的現代化藝術作品讓人有如置身國外的小型藝廊，還有二台 MAC 電腦免費讓住客使用。艾卡

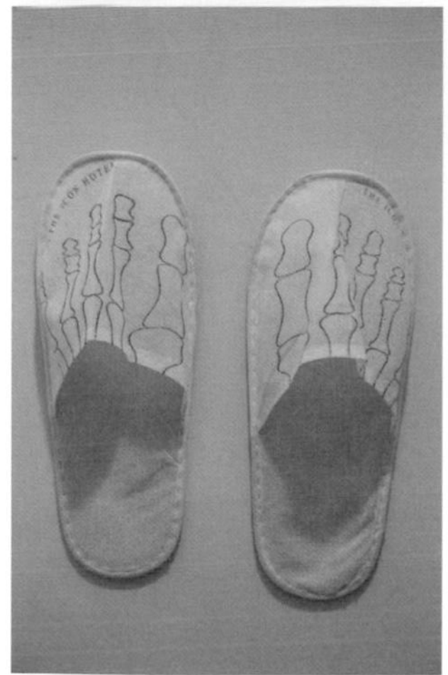

2 1
5 4 3

1. 可愛貓咪迎接每一位入住的旅客。
2. 旅店有37個房間，就是37種天馬行空的創想。
3. 5樓的公路主題樓層由國外的設計師操刀。
4. 精緻早餐的菜單是由主人親自規畫。
5. 設計圖騰也會在房間備品上出現。

的官網上可以看見每一個房間的樣子，所以有不少客人總會指定自己喜愛的房型，為了公平起見，這樣的要求要在房價之外酌收費用，也是入住時比較特別的規定。

房間主題間間精采

放下行李，屬於艾卡的探奇驚喜之旅就從電梯門開始，這裡有衣櫃式電梯、拉鍊式電梯，每一次的開合總讓人讚嘆連連，而旅店在設計之初就已經希望讓每一個樓層都有獨特的主題，所以不管住客來過幾次，仍舊可以保有新奇感。八樓是以拉鍊圖騰營造的廊道，好似期待著訪客們伸手揭開祕密一般，七樓的主題是空間錯置，六樓則以3D立體模式呈現，最讓人印象深刻的就屬五樓的公路主題，這是由國外的設計師操刀，袋鼠與異國風的路標帶領大家進入澳洲那個廣漠的大陸風情。

房間的設計新鮮到讓人想待上一整天，誰都無法想像自己可以睡在拼圖式的房間裡，或是有著可愛熊貓圖案的空間之中，當然有著夾娃娃機與機器輸送帶的房間也讓人難忘，其他尚有電腦房、鞋底房、藍色星空房與斑馬房等等。旅店的房型總共有雙人、四人以及六人房，其中六人房才重新改裝過，有舒適的睡眠享受。在艾卡的早餐也絕對精緻，由Jerry規畫菜單，住客們可以選擇不同的主食搭配飲料湯品Buffet，三套主食都是歐風特色，以可頌、法國麵包與丹麥麵包區隔搭配鮮蔬水果，讓大家能享受一頓健康營養又美味的早餐時光。

拼圖房是旅店很受歡迎的房型之一。

精采亮點

科幻的幽浮溜滑梯

這裡有不少親子與家族團體預訂，最搶手的就是滑梯房，設計師在滑梯上彩繪了一架幽浮船，在這裡溜滑梯就像搭乘幽浮從外星造訪地球一般，超級科幻。

info

- 高雄市新興區民生一路328號
- (07) 281-8999
- 簡約雙人房1580元起，時尚雙人房1780元起，經典四人房2880元起，花園閣樓六人房4380元起
- www.iconhotel.com.tw
- 走國道1號下高雄中正一路交流道，右轉走中正一路到二路，左轉民族二路，右轉民生一路可達。或搭乘高雄捷運紅線至「中央公園站」，自3號出口步行約4分鐘。

捷絲旅高雄站前館

視覺藝術為設計主軸

連鎖飯店自有統一的形象，但因爲據點的不同，都會在主題上找出同中求異的特點，高雄站前館提升精緻質感，以視覺藝術爲主題，讓住客擁有舒適、感受現代藝術氣息的睡眠時光。

迎賓大廳掛著國際彩墨人師林伯禧先生的「擁懷天地」畫作。

身為晶華飯店集團另一支以時尚精品旅店主打的捷絲旅飯店體系，因為價格平實，從成立以來便受到不少旅行者的喜愛，隨著口碑愈來愈好，全台各地據點增多，高雄的據點繼中正館之後，在二〇一六年的初春也迎來了站前館的開幕，這間飯店不依循其他幾處走平民風格，而是鎖定菁英族群，用更高的品質為旅人打造更完美的旅居空間。

捷絲旅飯店體系目前在台灣已經開設了七個據點，強調 3B3C3S 的品牌精神，3B 指的是 Bed—舒適的睡床、Breakfast—豐盛的早餐、Bath—時尚的衛浴設備，3C 指的是 Convenience—便利、Comfort—舒適、Connection—科技，而 3S 指的是 Smart—聰明消費、Service—五星服務、Stylish—風格，所有的要求之下，只為了讓客人可以擁有最佳的度假時光。

城市花園營造自然意境

捷絲旅高雄站前館主題風格強烈，不同於中正館以音樂為主調，站前館的視覺美學非常明顯，迎賓大廳懸掛了一幅國際彩墨大師林伯禧先生創作的「擁懷天地」大型畫作，抽象的圖案用多種色調呈現，散發柔美與典雅，這幅畫使用了天然礦石與金箔作為顏料，前者融合

1. 二樓餐廳的復古地磚線條優美。
2. Jessicafe精品咖啡店茶飲選用高檔茶品牌TWG Tea茶款。
3. 點一壺茶，翻一本書，讓人沉浸在慵懶的氛圍中。
4. 城市花園主題房用五種感官體驗，以期能達到療癒、放鬆的目的。
5. 二樓空間以提供住客的早餐為主。

了天然的紅珊瑚、藍銅礦以及稀有的白鑽為原素材製作，讓畫作更加立體與飽和。

這間新館定調為城市花園風格，因此處處可見鮮花與相關的圖騰出現在飯店之內，就連房間裡的標語卡也用花朵圖案展現，讓空間瀰漫著春意奔放的多彩景象。飯店共有一百三十六間房，最具賣點的就是城市花園主題房，主題房共有六間，用五種感官體驗，讓住客能在視覺、聽覺、嗅覺、味覺與觸覺的接觸下，達到療癒、放鬆的目的。

其中在視覺上，主題房以壁面彩繪圖案營造大自然場域，熱帶雨林中飛騰的蝴蝶、大嘴鳥與扶桑花、緬梔花的鮮豔與香氣，在在讓人有如置身蟲鳴啁啾的清新林相之中；聽覺的洗禮則是來自於房間內提供的輕音樂CD，ESCENTS伊聖詩香氛水氧機讓嗅覺更舒適，新加坡嚴選茶品TWG Tea提供味覺享受，精選的泡澡浴鹽讓身體的觸感更滑順。

精品咖啡店的慵懶時光

度假時光裡也包括健康營養的美食，捷絲旅高雄站前館也規畫了讓住客享用精緻料理的蔬活食堂空間，不同於中正館的設計，站前館將食堂區分成二塊，一樓大廳旁為Jessicafe精品咖啡店，二樓則是以提供住客的早餐為主。

咖啡店風格走向簡約時尚，挑高的樓面讓視野更加開闊，落地玻璃窗引進大量光源，最美的時刻在午後斜陽灑進的一剎那，最適合點一杯拿鐵，翻一本書，沉浸在慵懶的氛圍中。Jessicafe精選全球莊園豆烘焙美味的單品咖啡以及各種口味的義式咖啡，單品口味包括有哥斯大黎加小獨莊園來的藝妓咖啡，義式咖啡的焦糖瑪奇朵有濃厚的幸福感。茶飲部分選用高檔茶品牌TWG Tea茶款，十多種的早午餐茶口味任君挑選，一旁的商品櫃上也讓賓客們選購，即便不是住客也歡迎蒞臨。

順遊景點

重溫車站過往風華

高雄願景館即是日治時期的高雄市火車站，以和洋混合式建築著稱，為了配合三鐵共構，而被遷移到附近空地，轉型成為博物館。

info

- 高雄市新興區中山一路280號
- （07）973-3588
- 精緻雙人房2890元起，捷絲旅家庭房四人房3910元起，均加10%。
- www.justsleep.com.tw/KaohsiungStation
- 走國道1號下高雄建國路交流道，右轉建國一路，右轉和平　路，右轉七賢路，右轉中山一路可達。或搭乘高雄捷運紅線至「高雄車站」，步行約4分鐘可達。

華園飯店

老飯店裡的五色時尚

超過半世紀的歲月，老字號的華園飯店卻沒有停下腳步，改裝後以紅、銀、藍、綠、黑五種色彩妝點，十足的青春活力，吸引不少年輕客群，讓經典老店也擁有了漂亮的彩衣新貌。

2 1 1. HOTEL1958以紅、黑、藍、銀、綠五種顏色當作每個樓層的主題設計。
2. 旺角茶餐廳設計捨棄一般的茶餐廳風格，採用慵懶的Lounge模式裝潢。

媽媽或祖母級的老客人總會回憶起年輕時，到高雄旅遊固定入住的幾家飯店，那時還戴著貝雷帽，穿著厚底高跟徜徉在澄清湖畔吹風或到六合夜市嘗美食，而走十分鐘路程就到的華園飯店是這些優雅仕女最愛的選擇，一九五八年開始，就已經是高雄最受歡迎的飯店之一。

身為台灣第一家民營的五星級飯店，華園背後有許多故事，半世紀的更迭，老飯店並沒有在旅館業沉寂，反而及時抓住市場需求，在二〇〇七年選擇重新改裝，外觀除了保留以往的古典風情，還多加了一絲時尚精品旅館的味道，不僅讓人耳目一新，也契合了國際風向。從格局上可以簡單將飯店區分為前後棟，總房間數有二百七十間，比較熱門的設計客房位在前棟，此區稱為HOTEL1958，也點出了飯店開始經營的年份，後棟客房數較多，風格也比較統一，較偏向一般星級旅館的設計。

五色客房興起的入住風潮

HOTEL1958共有七十二間客房，以紅、黑、藍、銀、綠五種顏色作為每個樓層的主題設計，三樓是熱情紅、四樓是風尚銀、五樓是自由藍、六樓是和平綠、七樓是復古黑，這樣的視覺效果也在電梯門與廊道之間呈現，房間內的裝潢也依照顏色的不同搭配表現主軸，譬如和

平綠較為童趣，復古黑較為都會，這樣的概念在當初也造成一股入住風潮，直到現在都還有老客人會指定入住某某房。

紅色系房型很吸引小情侶，豔紅的色彩適當地出現房間的角落，或是沙發、或是牆頭，並沒有過於鋪天蓋地的滿堂紅，這樣的設計反而讓這個色系的房間洋溢著青春與活力。風尚銀與復古黑色系的房型受到不少企業菁英與銀髮族青睞，沉穩的色調能緩和平時的壓力，最著名的是以自由女神為藍圖規畫的房間。自由藍與和平綠的房型帶有療癒的功能，前者散發海闊天空的自在，後者帶入了清新森林的自然風情，其中有一間裝飾了鱷魚插畫的天花板是熱門房型，也是家族與親子旅遊族群的最愛。

大啖招牌港點及六大菜系

即便飯店非常靠近六合夜市，還是有不少住客選擇華園所屬的餐館用餐，一樓的旺角茶餐廳、真龍廳與華夏廳，其中真龍廳當初還曾經以上海百樂門的味道裝潢，林青霞也曾蒞臨。旺角茶餐廳位在一樓，提供單點的港點服務，餐廳設計捨棄一般的茶餐廳風格，採用慵懶的Lounge模式裝潢，讓客人可以在此盡情放鬆。目前採吃到飽的模式，只要胃夠大，這裡的招牌港點就千萬不能錯過，像是開胃菜會推薦特地費心耗時用烤爐烹調的明爐燒鴨，口味爽脆；點心屬招牌新菜流沙黃金酥滋味最棒，以類似芝麻球的製法製作，內裏奶黃與鹹蛋仁，讓味蕾有絕妙享受。

華夏廳的主廚邢睿鵬資歷深厚，二〇一五年重新裝潢，以中華六大菜系呈現，著名的主推菜肴包含了湘味左宗棠雞、蒜味吊燒雞與椒鹽焗青蟹，左宗棠雞以正統湘菜作法烹調再加點創意，吃起來微辣帶酸甜，令人印象深刻，蒜味吊燒雞使用浸泡過蒜頭的土雞放入烤爐製作，滋味軟嫩多汁，也是經典美饌。

2 1

4 3

1. 飯店多年前選擇重新改裝，添加了一絲時尚精品旅館的味道。
2. 紅色主調的樓層房間洋溢著熱情。
3. 旺角茶餐廳開胃菜推薦明爐燒鴨。
4. 迎賓大廳帶有一些歐式古典的風情。

info

- 高雄市前金區六合二路279號
- （07）241-0123
- 經典雙人房7500元，精緻家庭四人房8000元，旺角茶餐廳午晚餐吃到飽特價358元起，以上均加10%
- www.hotelhg.com.tw
- 走國道1號下高雄中正一路交流道，右轉走中正一路到四路，右轉中華三路，左轉六合二路可達。或搭乘高雄捷運橘線至「市議會站」，自1號出口步行約5分鐘可達。

多種類型的功夫菜

華夏飯店內設有不同類型的餐廳，這對客人來說實在貼心，不論是道地費工的港式菜肴，或是結合了京菜、粵菜、湘菜、川菜、江浙菜、台菜的六大菜系，想吃什麼功夫菜在這裡都可以嚐到。

鴨家青年旅館

像家一樣的親切旅宿

一個日本人與台灣太太，因爲共同夢想而開設的旅途驛站。鴨家給人的感覺是溫馨及親切，安全與舒適，在這裡可以認識各方好友，當然也能以此爲旅行起點，一步步認識高雄的美麗風光。

「いらっしゃいませ，歡迎光臨」這句常出現在日式餐館的問候語，在鴨家青年旅館 check in 時段也常能聽到，除了因為老闆佐佐木克典是日本琦玉縣人之外，這裡的日本客人比例超過一半以上也是原因之一。

1. 主人佐佐木先生希望鴨家帶給客人親切自然的感受。
2. 完整的餐廚具提供給住客們使用。
3. 可愛的鴨子胸針是主人的設計創意。
4. 等待區是住客們穿脫鞋的地方。
5. 多床房貼心地區分了男女空間。

鴨家あひる家在二〇一四年六月開幕，日語裡あひる指的是一種家鴨，佐佐木先生以此為名，希望帶給客人親切自然的感受，到了鴨家不用拘束，就跟在家裡一樣。佐佐木來到台灣已經超過八年，他的專長是電腦軟體工程，當初純粹是為了旅行，看看台灣美麗的風景而拜訪寶島，因緣際會之下認識了現在的台灣太太王晴巧，兩人都喜歡旅遊，也很了解旅人們在旅途之中有多重視晚上的睡眠，所以選擇了這處離美麗島捷運站只要數分鐘步程的地方，經營起乾淨、舒適且價格平實的旅途驛站。

讓人一見鍾情的風格

點開鴨家的官網，幾乎所有人會在第一眼就喜歡上這問青年旅館的風格，簡約的設計透著大器優雅，一塵不染的空間讓人在還沒放下行李的時候就已經充滿期待。鴨家隱身在一棟商辦兩用的大樓內，獨立擁有一個專屬樓層，門禁很嚴格，每位住客都要攜帶晶片鎖才能進出，旅館的空間格局方正寬敞，夫妻倆沒有為了增加收入就大量規畫房間數，反而擴大公共空間領域，最主要的想法還是希望投宿的海內外旅客能在這裡多交朋友，為旅程增添更多回憶。

5 1

4 3 2

1. 開放餐儲空間是大家用餐的地方。
2. 二部公共電腦讓住客們免費使用。
3. 簡約的設計透露著大器與優雅。
4. 房間全部是雅房格局，洗浴要在公共空間。
5. 詳細的解說標語展現了老闆的細心。

旅館的房間數不多，主要分為三種房型，包括雙人房、家庭房與多床房，雙人房適合喜歡擁有隱私空間的旅客，家庭房則能容納親子或好友閨蜜等團，對於背包客而言，多床房的空間是最棒的選擇，而且老闆很貼心地區分了男女客房，讓一些比較保守的旅客有更自在的睡眠。

這裡的房間全是雅房形式，沒有附帶衛浴間，所以在公用浴廁設備上設置了較多的洗浴間數，當然也區分了男女。餐廳有二張大長桌，旁邊就是具備齊全器皿的廚房，雖然不提供明火使用，但是烤麵包機、微波爐等基本電器也免費提供住客使用。佐佐木是一個很愛交朋友的主人，他推薦住客們最佳的高雄旅遊路線，也會不定期舉辦主題文化交流，以往就曾親自下廚烹調過日本餐點與住客們分享，是一處很有人情味的旅宿地點。

順遊景點

風格鮮明的藝廊

喜歡鴨家的人，或許你也會喜歡附近的小島藝廊，藝廊的地下室及一樓有不定期的畫作、藝術品展示，風格特色鮮明，偶爾還有畫畫、木染等手作課程。

info

- 高雄市新興區六合一路158號5樓
- 0963-806800
- 雙人房一位1000元、二位1600元，四人房2500元起，六至八人房每床660元起
- ahiruyah.com
- 走國道1號下高雄中正一路交流道，右轉走中正一路到三路，右轉南華路，右轉六合一路可達。或搭乘高雄捷運紅線至「美麗島站」，自11號出口步行約2分鐘可達。

奇異果快捷旅店九如店

現代簡約風格平價旅宿

住宿是旅人們在遊程中能否盡興的重要元素之一，而在二〇一四年開幕的奇異果九如店，也用平實的價位與親切的服務，收穫更多入住者的讚賞。

一聲親切的問候，一杯暖心脾的熱茶，還有一夜舒適的睡眠，可以讓疲憊的旅程有適當的緩衝，這是每一間旅店想要給予旅客的服務，就像迎接來自遠方的朋友，在自己的家鄉留下美好回憶，這也是所有入住這裡的客人所感受到的對待。

沒有富麗堂皇的門面，奇異果快捷旅店位在九如一路上的據點，卻是到高雄旅遊的人很愛選擇的一處住宿點，這樣的好口碑展現在旅店獲得的獎項上，開幕才兩年多，就已經獲得二〇一五年 TripAdvisor 旅行者選中的台灣人氣家庭式飯店以及人氣平價飯店的獎項，可見得在房價與親子族群上，有更多人會考慮這處離高雄科工館只有幾分鐘路程的住宿點。

身為瑞石旅館事業集團的一員，奇異果九如店在連鎖飯店品牌下，還是保有自己獨特的風格，就設計裝潢來說，以簡約時尚感呈現的風情符合了時下的旅宿市場，沒有太多繁複的裝置，奇異果九如店的特色展現在細節處，譬如用Q版人物圖像作為指示牌，每每都讓客人會心一笑，心情也自然輕鬆愉快，全館以黑、灰二色作主基調，搭配一些原木、石材、或烤漆鐵件裝潢，輔以灰鏡加大空問的廣闊感，符合了現在流行的時尚風格。

3

4 2 1

1. 地下室的遊戲空間可以讓人活動筋骨。
2. 自助洗衣設備讓住客免帶太多的衣物。
3. 開幕不久就已獲得台灣人氣家庭式飯店以及人氣平價飯店的獎項。
4. 全館以黑、灰二色作主基調，搭配一些原木、石材或烤漆鐵件裝潢。

兒童遊戲室深受親子族群喜愛

旅店房間的設計也走流暢溫馨的氛圍，不同的房型適合不同族群的遊客，沒有太多繁複色彩，讓住客能在潔淨的溫和空間裡享受舒服的睡眠品質。因為入住客群裡自由行的客人較多，九如店有不少貼心的休閒設施，除了基本的健身房與商務中心外，最讓父母們推崇的就是兒童遊戲室，裡面有不少的故事圖書與小小溜滑梯等遊樂設備，可以讓親子家庭在這裡享受愉快的時光。而投幣式洗衣烘衣機更是年輕族群大讚的服務，多一次洗滌、少帶一件衣服能減少旅途中行李的負擔。

絕佳的地理位置也是九如店之所以被那麼多旅客相中的原因，科工館走路就可以到，而旅店臉書也隨時會更新科工館的資訊。想要自己安排在周邊景點逛逛，記得善用旅店提供的免費腳踏車服務，選一個微風徐徐的午後，踩著單車去看看高雄的市街風光，感受在地人的熱情接待。

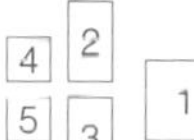

1. 奇異果是飯店的主要設計圖騰。
2. 以簡約時尚感呈現的旅宿風情符合了時下的飯店市場。
3. 兒童遊戲室有不少的故事圖書與小小溜滑梯等遊樂設備。
4. 迎賓大廳配合節慶會有不同的裝飾布置。
5. 住客能在潔淨溫和的空間裡享受舒服的睡眠品質。

順遊景點

刺激的高樓溜滑梯

就在附近的國立科學工藝博物館，有常設展、不定期特展以及各式有趣的科學體驗設施，館內近期很夯的全亞洲最高室內溜滑梯，從五層樓的高度一溜而下只需 12 秒的時間！

info

- 高雄市三民區九如一路790號
- （07）956-0604
- 雙人房1680元起，三人房2180元起，四人房2580元起
- www.facebook.com/kaohsiungjiuru
- 走國道1號下九如交流道，右轉九如二路可達。

高雄捷運環狀輕軌

移動的城市風景

隨著城市發展，曾肩負著高雄貨運載送的臨港線鐵道在市政府的規畫下卻有新的功能，從載貨改成載客，舊有鐵道也改成輕軌列車行駛的路線，讓高雄成爲了台灣第一座擁有輕軌列車的城市。

2
3 1

1. 免費試乘期間有不少民眾前來體驗。
2. 環狀輕軌在「前鎮之星站」與自行車道交會。
3. 車廂以潔白、珍珠綠兩色組成。

高雄的輕軌路線按照舊臨港鐵道興建，成環狀路線，會與高雄捷運呈「田」字型連結，總長度有二十二公里，預計會有三十七個車站，未來會經過夢時代、西子灣、高雄展覽館、光榮碼頭等知名景點，二〇一六年四月已經完成並提供民眾免費搭乘的有四座車站，分別是籬仔內站、凱旋瑞田站、前鎮之星站、凱旋中華站。

對於遊客來說，輕軌車廂初體驗的魅力大於這條路線的通勤功能，因此在二〇一九年完全通車之前，找個機會搭乘具有環保概念的綠色車廂是不錯的安排。輕軌列車的車身是由義大利超跑設計公司所設計，造型流線又時尚，以潔白、珍珠綠兩色組成，目前每列車共有五節車廂，中間有通道相連，座位設計以「非」字型排列，看起來寬敞乾淨。列車全部用電池方式推動行駛，十分地節能環保，更特別的是高雄輕軌採用無架空線供電的方式，所以沿途沒有架設電纜，這也是與國外其他城市的輕軌路線不同的地方。

試營運期遊客可以在四座車站之間免費來回搭乘，目前起站是標號C1的籬仔內站，終站是C4凱旋中華站，雖不用付費，但仍舊需要使用一卡通上下車。四座車站站體設計大同小異，都是屬於戶外無框架，線條簡單的車站，比較特別的是前鎮之星站，這裡有別於其他車站的純白色調，以九十度直線鋼骨為材，塗上紅、黃、橘、黑的鮮豔色彩，以ㄇ字包覆站體，和上方潔白的弧形自行車道互相輝映，在藍天襯托下非常漂亮。隸屬於高雄捷運路網的輕軌路線預計在二〇一六年六月完成第一階段的十四座車站通車，屆時將會開始進行收費，每個車站都有購票機器，要知道所有更新變動都可隨時上高雄捷運局查詢。

精采亮點

便利的高雄捷運

高雄捷運對外地觀光客而言，也是個暢遊高雄的好選擇。行駛路線分為紅、橘兩線，紅線的起迄點為南岡山與小港，橘線的起迄點為大寮與西子灣，不論紅線沿途的橋頭糖廠、蓮池潭、光榮碼頭，或橘線行經的大東藝術中心、衛武營、鹽埕等景點，對於旅行路線的規畫十分便捷；車票也分成單次或定期票，可依需求選擇使用。

info

- 高雄市凱旋路四路、中山三路口（前鎮之星站）
- 09:00～18:30，試乘期間每30分鐘發車一班
- www.krtco.com.tw/Activity/LRT/LRTlink.aspx
- 搭乘高雄捷運紅線在「凱旋站」下車步行前往可達。

行程建議

五條主題路線來去高雄

在天氣晴朗的日子，啟動度假模式，搭捷運、嘗小吃、玩文創、賞美景，來去高雄感受南方道地的人情味！

路線一：藝術文創美學培養

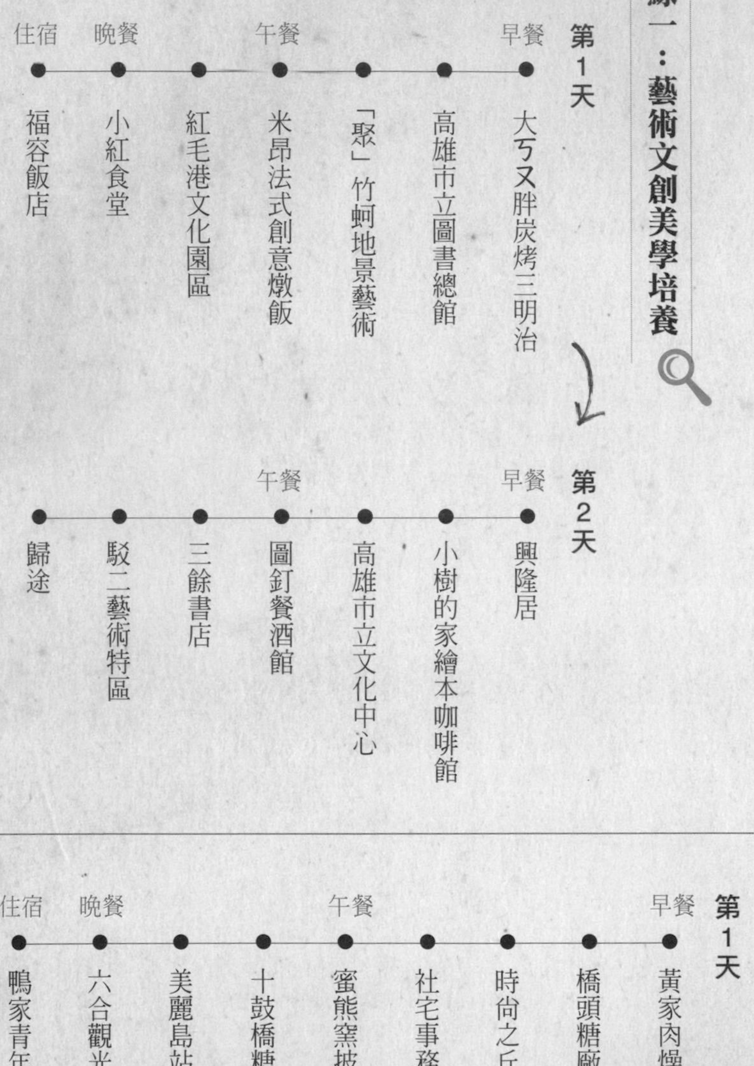

路線二：城鄉捷運速速前！

第1天

- 早餐 黃家肉燥飯
- 橋頭糖廠站・台灣糖業博物館
- 時尚之丘
- 社宅事務所
- 午餐 蜜熊窯披薩
- 十鼓橋糖文創園區
- 美麗島站・光之穹頂
- 晚餐 六合觀光夜市
- 住宿 鴨家青年旅館

路線三：街頭巷尾小吃美味

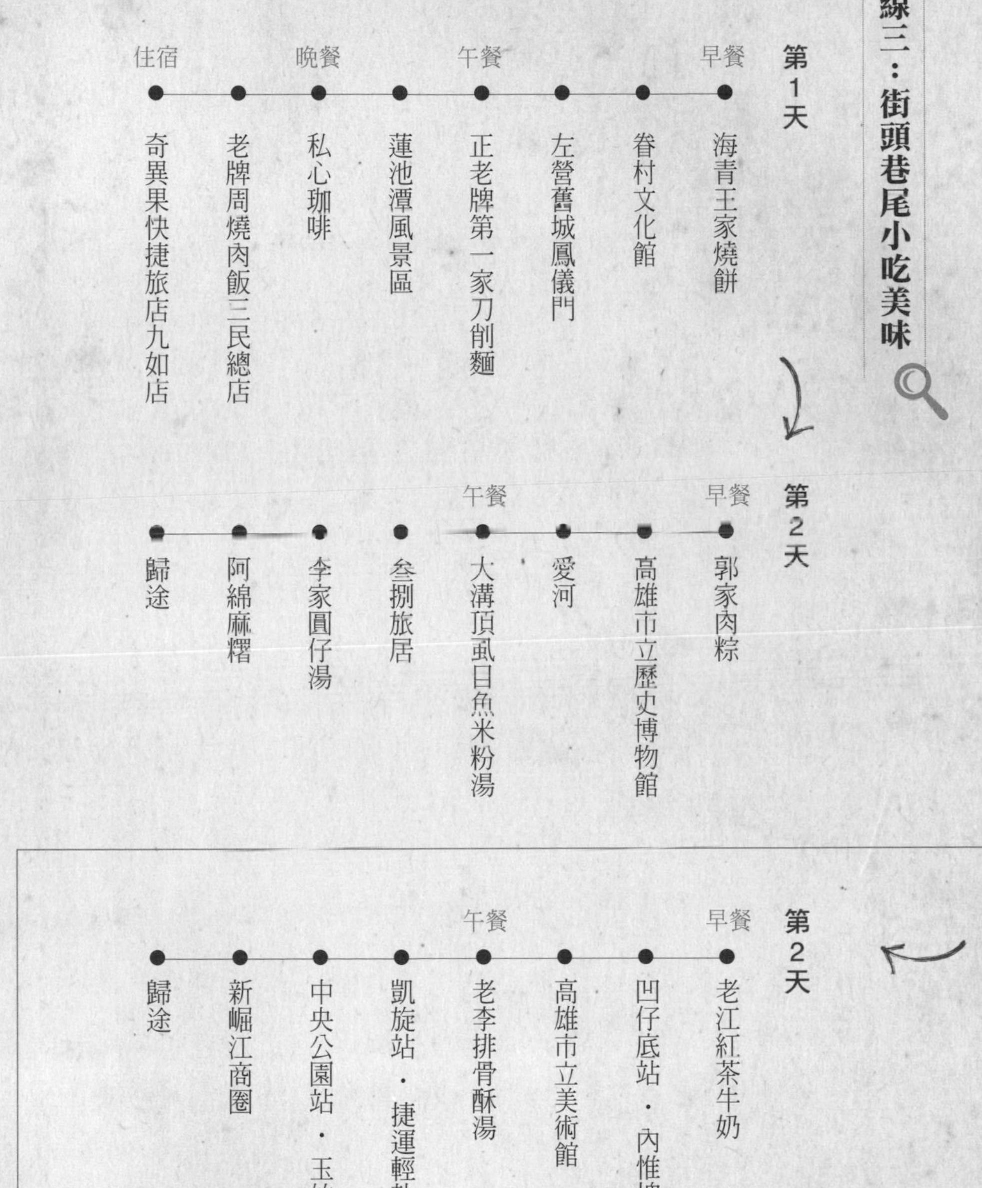

第1天

- 早餐　海青王家燒餅
- 眷村文化館
- 左營舊城鳳儀門
- 午餐　正老牌第一家刀削麵
- 蓮池潭風景區
- 晚餐　私心珈琲
- 老牌周燒肉飯三民總店
- 住宿　奇異果快捷旅店九如店

第2天

- 早餐　郭家肉粽
- 高雄市立歷史博物館
- 愛河
- 午餐　大溝頂虱目魚米粉湯
- 叁捌旅居
- 李家圓仔湯
- 阿綿麻糬
- 歸途

第2天

- 早餐　老江紅茶牛奶
- 凹仔底站・內惟埤文化園區
- 高雄市立美術館
- 午餐　老李排骨酥湯
- 凱旋站・捷運輕軌
- 中央公園站・玉竹商圈
- 新堀江商圈
- 歸途

路線四：老城郊山自在暢遊

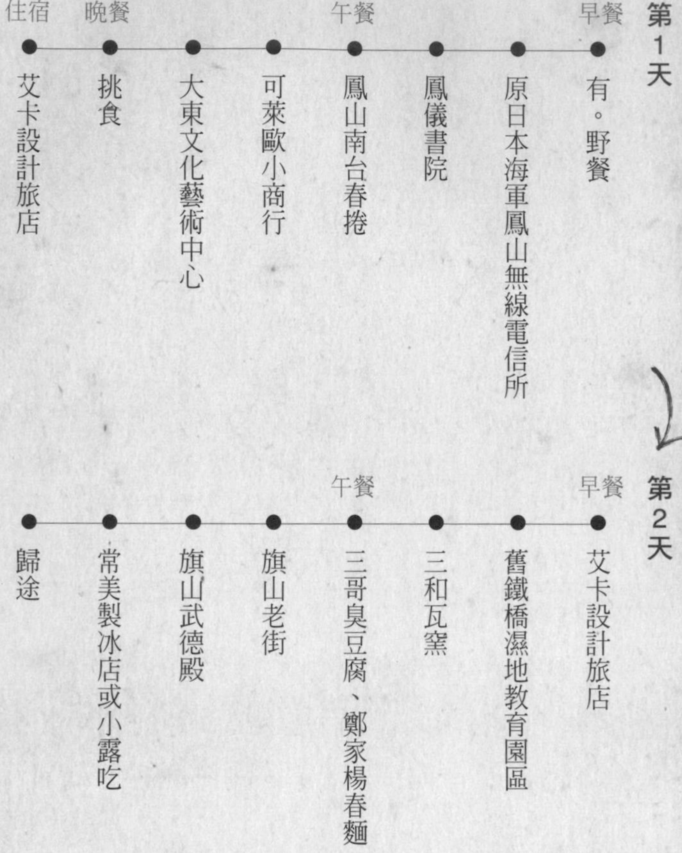

鳳儀書院
高雄市鳳山區鳳崗里鳳明街62號
（07）740-5362

三哥臭豆腐
高雄市旗山區中山路25號
0939-233609

鄭家陽春麵
高雄市旗山區中山路60之9號
（07）661-3190

哈瑪星黑旗魚丸大王
高雄市鼓山區鼓波街27-7號
（07）521-0948

哈瑪星汕頭麵
高雄市鼓山區鼓波街27之16號
（07）532-3228

旗津渡輪
高雄市旗津區海岸路10號
（07）571-2542

路線五：海岸港邊懷舊散策

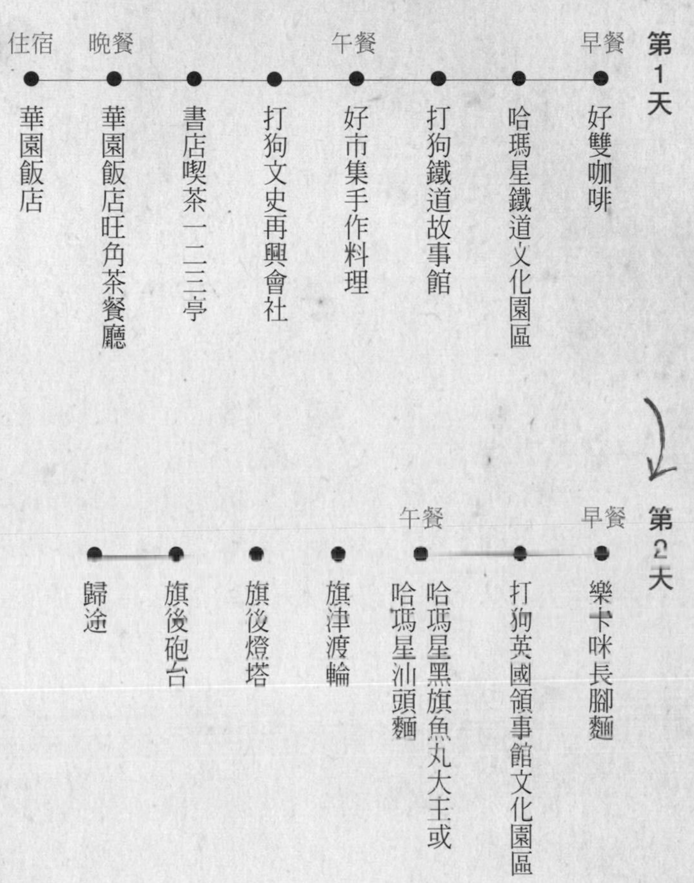

info

小紅食堂
高雄市小港區南星路2808號（紅毛港文化園區內）
（07）335-3606

六合觀光夜市
高雄市新興區六合二路

內惟埤文化園區
高雄市鼓山區美術館路80號
（07）555-0331

玉竹商圈
高雄市新興區玉竹街
（07）251-5088

新崛江商圈
高雄市新興區文化路
（07）241-0177

正老牌第一家刀削麵
高雄市左營區左營大路611-1號
（07）582-3683

蓮池潭風景區
高雄市左營區翠華路1435號

大溝頂虱目魚米粉湯
高雄市鹽埕區新樂街198之38號
（07）521-4919

128 大ㄎㄡ胖炭烤三明治
高雄市鹽埕區大公路78號
136 阿綿麻糬
高雄市鹽埕區新樂街198-27號
154 好雙咖啡
高雄市鹽埕區大成街73號
158 圖釘餐酒館
高雄市鹽埕區堀江街36號
188 福容飯店
高雄市鹽埕區五福四路45號

三民區

142 老牌周燒肉飯三民總店
高雄市三民區三民街152號
166 麓琦和洋烘焙餐廳
高雄市三民區褒揚東街162巷11號
206 奇異果快捷旅店九如店
高雄市三民區九如一路790號

前金區

134 無名綠豆湯薏仁湯
高雄市前金區成功一路449-1號
139 興隆居
高雄市前金區六合二路184號
198 華園飯店
高雄市前金區六合二路279號

新興區

090 光之穹頂--美麗島捷運站
高雄市新興區中山一路115號B1
092 三餘書店
高雄市新興區中正二路214號
130 老李排骨酥湯
高雄市新興區大同一路149號
132 老江紅茶牛奶
高雄市新興區南台路51號
163 挑食
高雄市新興區金門街107-1號
192 艾卡設計旅店
高雄市新興區民生一路328號
195 捷絲旅高雄站前館
高雄市新興區中山一路280號
202 鴨家青年旅館
高雄市新興區六合一路158號5樓

苓雅區

098 小樹的家繪本咖啡館
高雄市苓雅區林南街16號
172 木葉粗食
高雄市苓雅區林泉街57號
176 米昂法式創意燉飯
高雄市苓雅區永靖街97號

鳳山區

018 原日本海軍鳳山無線電信所
高雄市鳳山區勝利路10巷
104 可萊歐小商行
高雄市鳳山區光遠路238巷10號後門
107 大東文化藝術中心
高雄市鳳山區光遠路161號
150 鳳山南台春捲
高雄市鳳山區五甲一路12號
178 有。野餐
高雄市鳳山區光遠路297巷3號

前鎮區

010 高雄市立圖書總館
高雄市前鎮區新光路61號
102 「聚」竹蚵地景藝術
高雄市前鎮區光華三路與一心一路交叉口（前鎮31期公園）

小港區

113 紅毛港文化園區
高雄市小港區南星路2808號

景點地區索引

旅行台灣

YouBike 遊台北

大台北15區×58個站×220個特色景點

許恩婷 文字／楊志雄 攝影／定價 420 元

赤峰街逛文創小店、永樂市場內啖小吃，順著河濱公園迎風，攀象山遠眺美景……騎上YouBike，暢遊大台北15區，享受忙裡偷閒的生活況味吧！

慢旅。台灣

15條深度旅遊路線，看見台灣最美的風景

馬繼康 著／定價 320 元

沿著海線品嘗小鎮鹹鹹的滋味，循著山線聆聽山村悠悠的鳴唱，或者到金黃色的稻穗中，聽一場交響樂……重度自由旅行者馬繼康，帶你玩出不一樣的台灣慢旅行。

台中．城市輕旅行

文創×美食×品味一網打盡

林麗娟 著／陳招宗 攝影／定價 340 元

太陽餅、逢甲夜市、一中街、新社花海之外，台中還有更多好玩、好吃、好看的！舊建築裡的文創魂，景觀迷人的浪漫所在，咖啡職人的本土咖啡，喝茶也可以很新潮……多姿多采的台中，和你想的不一樣！

台東．風和日麗

逛市集×訪老屋×賞文創×玩手作

廖秀靜 著／定價 280 元

探訪老屋改造的民宿、咖啡館，體驗手作雜貨鋪、文創設計店，品嘗異國與在地料理，55處在地人推薦的私房點，帶你賞星望月、踏青漫步，認識台東好風情！

玩最感動、吃最在地、買最實在，最Hot！觀光工廠

林冬梅 著／楊志雄 攝影／定價 335 元

你知道好吃的鳳梨酥是怎麼做成的？日常使用的醬油、米、油、鹽又那裡來？超夯的觀光工廠，最有趣的DIY體驗，走一趟觀光工廠，感受最有人情味的旅程！

澎湖．海水正藍

玩沙灘×訪古厝×騎單車

蔡宗明 著／陳成邦、胡雅棠 攝影／定價 300 元

95處在地人去不膩的美麗景點，帶你賞星觀日、踏浪尋寶、海上賞鳥、海底優游，自行車漫遊、做一天島嶼主人，一島多樂趣，迷上澎湖好風情！

廣　告　回　函
台北郵局登記證
台北廣字第2780號

地址：　　　縣/市　　　鄉/鎮/市/區　　　路/街

段　　巷　　弄　　號　　樓

三友圖書有限公司 收

SANYAU PUBLISHING CO., LTD.

106　台北市安和路2段213號4樓

SANYAU

三友圖書
讀書俱樂部

「填妥本回函，寄回本社」，即可免費獲得好好刊

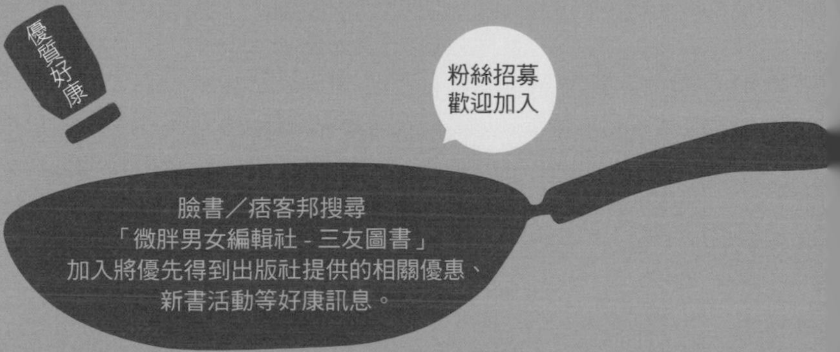

優質好康

粉絲招募
歡迎加入

臉書／痞客邦搜尋
「微胖男女編輯社 - 三友圖書」
加入將優先得到出版社提供的相關優惠、
新書活動等好康訊息。

四塊玉文創╳橘子文化╳食為天文創╳旗林文化
http://www.ju-zi.com.tw
https://www.facebook.com/comehomelife

【黏貼處】對折後寄回，謝謝。

親愛的讀者：

感謝您購買《高雄美好小旅行：在地美食×文創新星×懷舊古蹟》一書，為感謝您對本書的支持與愛護，只要填妥本回函，並寄回本社，即可成為三友圖書會員，將定期提供新書資訊及各種優惠給您。

姓名 ______________ 出生年月日 ______________

電話 ______________ E-mai ______________

通訊地址 ______________

臉書帳號 ______________

部落格名稱 ______________

1 年齡

□ 18 歲以下 □ 19 歲～ 25 歲 □ 26 歲～ 35 歲 □ 36 歲～ 45 歲 □ 46 歲～ 55 歲 □ 56 歲～ 65 歲 □ 66 歲～ 75 歲 □ 76 歲～ 85 歲 □ 86 歲以上

2 職業

□軍公教 □工 □商 □自由業 □服務業 □農林漁牧業 □家管 □學生 □其他 ______________

3 您從何處購得本書？

□網路書店 □博客來 □金石堂 □讀冊 □誠品 □其他 __________ □實體書店 __________

4 您從何處得知本書？

□網路書店 □博客來 □金石堂 □讀冊 □誠品 □其他 __________ □實體書店 __________
□ FB(微胖男女粉絲團 - 三友圖書） □三友圖書電子報 □好好刊（雙月刊） □朋友推薦
□廣播媒體 __________

5 您購買本書的因素有哪些？（可複選）

□作者 □內容 □圖片 □版面編排 □其他 ______________

6 您覺得本書的封面設計如何？

□非常滿意 □滿意 □普通 □很差 □其他 ______________

7 非常感謝您購買此書，您還對哪些主題有興趣？（可複選）

□中西食譜 □點心烘焙 □飲品類 □旅遊 □養生保健 □瘦身美妝 □手作 □寵物
□商業理財 □心靈療癒 □小說 □其他 ______________

8 您每個月的購書預算為多少金額？

□ 1,000 元以下 □ 1,001 ～ 2,000 元 □ 2,001 ～ 3,000 元 □ 3,001 ～ 4,000 元
□ 4,001 ～ 5,000 元 □ 5,001 元以上

9 若出版的書籍搭配贈品活動，您比較喜歡哪一類型的贈品？（可選 2 種）

□食品調味類 □鍋具類 □家電用品類 □書籍類 □生活用品類 □ DIY 手作類
□交通票券類 □展演活動票券類 □其他 ______________

10 您認為本書尚需改進之處？以及對我們的意見？

____

感謝您的填寫，您寶貴的建議是我們進步的動力！

【黏貼處】對折後寄回，謝謝。